广东省教育科学规划课题（"九年一贯制学校对小初衔接学段
指导的策略研究"2020YQJK115）资助

JIATING QINZI

HUODONG FANG'AN

家庭亲子

活动方案

赵金玲 邱璐 林炫 ◎ 主编

中国出版集团 现代出版社

图书在版编目（CIP）数据

家庭亲子活动方案 / 赵金玲，邱璐，林炫主编. —
北京：现代出版社，2023.9

ISBN 978-7-5231-0490-3

Ⅰ.①家… Ⅱ.①赵… ②邱… ③林… Ⅲ.①家庭教
育 Ⅳ.①G78

中国国家版本馆CIP数据核字（2023）第150248号

家庭亲子活动方案

作　　者	赵金玲　邱　璐　林　炫
责任编辑	窦艳秋
出版发行	现代出版社
地　　址	北京市安定门外安华里504号
邮政编码	100011
电　　话	010-64267325　64245264
网　　址	www.1980xd.com
印　　制	北京政采印刷服务有限公司
开　　本	710mm×1000mm　1/16
印　　张	14
字　　数	192千字
版　　次	2023年9月第1版　　2023年9月第1次印刷
书　　号	ISBN 978-7-5231-0490-3
定　　价	58.00元

编 委 会

浅谈家长如何有效陪伴孩子

深圳市坪山区同心外国语学校　赵金玲

陪伴，字典义为随同做伴，但现实中不是所有的陪伴都是有效陪伴。不是同一时间处于同一空间就是陪伴，高质量的陪伴指的不是陪伴的方式，而是指陪伴过程中感情的交流。这个世界上所有的爱都以聚合为最终目的，只有一种爱以分离为目的，那就是父母对孩子的爱。父母深度陪伴自己的孩子，是希望孩子能够带着幸福生活的能力和父母分离，踏入这纷繁复杂的世界。因此，有效陪伴在孩子的成长过程中尤为重要。

一、陪伴的作用

1. 增进亲子关系

血缘关系不等于亲子关系。情感是需要花时间相处，在共同经历中逐步培养起来的。很多留守儿童，即使后来到父母身边生活，也很难与父母亲近，就是因为缺少有效陪伴，没有建立起情感联结，所以亲子关系疏远。还有一些孩子，儿时由非父母的其他人抚养照顾，比如祖父母或保姆，这时往往孩子对他们的情感依恋远远大于父母，这也是由于在日常相处中建立了情感基础。所以，父母与子女的亲子关系不是与生俱来的，是需要在陪伴中建立的。

2. 获得幸福感

优秀不等于幸福，我们真正要培养的是有幸福感的孩子。奥地利心理学家阿尔弗雷德·阿德勒曾说过："幸运的人一生都被童年治愈，不幸的人一生都在治愈童年。"儿童时期能得到父母的有效陪伴，会让孩子具有极强的幸福感和幸福感受力，这能给孩子的成长提供强大的心理支撑力，对孩子的一生具有极其重要的影响。

3. 获得安全感

孩子任何不当行为背后都是在呼唤爱，孩子得到父母的爱，才会获得安全感，才会在爱的感召下慢慢回归本来的样子，孩子需要的这份爱，需通过父母每一天的深度陪伴才能获得。现在很多二胎家庭中的大宝，在妈妈怀孕后或二宝出生后，就会出现行为退化，究其原因，就是由于二宝的出现让父母对大宝的关注减少了，有部分精力转移，这就会使大宝安全感缺失，他便靠不当行为宣泄内心的情绪和引起父母关注。这时，只要父母每天能抽出一些时间对孩子进行有效陪伴，一切就迎刃而解了。

4. 培养高情商

很多人智商很高，在学术方面很有造诣，在某个领域也特别专业，可在职场上却并不如意，其原因就在于情商欠缺，情商就与父母在深度陪伴孩子过程中的引导有关。家长类型决定孩子命运，家庭影响孩子成长。

二、陪伴的准备工作

1. 时间管理

陪伴孩子最大的问题在于很多家长都觉得没有时间，其实时间就像海绵，挤挤总是有的。而且，有效陪伴不是指陪伴的时长，而是强调陪伴的深度。每一天我们都有很多可以用来深度陪伴孩子的绝佳时机，作为父母一定要好好利用。

早间一小时是动力源。它能让孩子一天都有好心情。父母要从合理叫醒开始，切忌通过打骂的方式唤醒孩子，然后让孩子有一个愉快的早餐时光，不要唠叨、批评孩子，之后幸福出发，路上可以听听音乐、轻松地聊天，让孩子在愉悦的情绪中开始一天的学习生活，这样孩子才能有足够的动力应对一天的学习任务。

放学后的一小时是加油站。孩子一天在校学习生活，既要学习知识又要处理人际关系，对于孩子来说压力也是很大的，这时就需要父母能及时关心、了解孩子身心状况，帮助孩子减压。此时，父母可以先和孩子表达一天未见的想念，然后分享一下彼此一天有遇到或听说什么大事趣闻，或者开启"吐槽大会"，舒缓内心的压力。在轻松的交谈中让孩子放下一天的疲惫，有一个良好的情绪基础开始接下来的家庭生活。

晚饭后的两小时是竞速场。这段时间基本上是一个家庭最主要的时光，所以这也是孩子成长的竞速场，成长的速度取决于父母是否能利用好这段时间进行有效陪伴。父母在这段时间可以和孩子一起运动健身、畅谈人生、学习进步。

碎片的时间是"补给站"。除了这几个相对集中的时间，每天还会有许多碎片的时间，这些时间缝隙都是亲子关系、孩子心灵的一个"补给站"。父母可以利用这些碎片时间和孩子玩个小游戏、讲个笑话，甚至只是来个拥抱，都能让孩子获得爱的补给。

2. 拒绝干扰

每天我们能够陪伴孩子的时间本就不多，所以在陪伴时就要求一定要专心、投入，排除和抵抗一切干扰因素。在生活中最常见的干扰因素是手机、约会、懒惰和工作。家长工作一天，下班后想要放松是人之常情，有时工作没有做完需要加班也是情理之中，但是孩子成长的关键期就这几年时间，身为父母一定要有足够的抵抗干扰的能力。

3. 学习提升

开车上路前需要取得驾照，通过理论考试和实际驾驶考试，这样才避免给自己和他人带来危险。除了最初级的工作，大多数工作都需要取得特定资格，较复杂的工作更是需要接受数年的培训。然而，作为最具挑战、最复杂的工作之一——教育孩子，却完全不需要父母接受任何培训或取得什么资格，这是不科学的。作为父母，我们应该不断学习，既要了解孩子的性格类型，又要掌握与孩子沟通、相处的技巧，只有这样才能做到有效陪伴和科学教养。此外，还应了解孩子感兴趣的话题，拉近与孩子的心理距离，打好沟通基础。

4. 调整心态

你的脸色就是孩子世界的颜色。不能企图通过暴力手段来让孩子听话。随着孩子年龄的增长，父母的威慑力减小，孩子越来越具有主观意识，只有用亲近感增加影响力，才能赢得孩子的尊重。

（1）停止吼叫：吼叫是一种教育无能的表现，因为找不到有效的教育方法只能通过吼叫来宣泄内心的情绪，也是基于成年人的生理优势的恃强凌弱。孩子出于恐惧会选择屈从，但心灵会受到很大的伤害。

（2）放弃比较：孩子最恨的人就是别人家的孩子。每个孩子由于遗传、教育、环境等多方面的影响，都有自己的独特性，是不具备可比性的。父母的对比只会伤害孩子的自尊心，让孩子产生自卑心理，也会让孩子认为父母不认同甚至厌弃自己，从而疏远父母。

（3）自我觉察：作为父母要具备情绪的自我觉察能力，要不断地自我反省，在情绪爆发前就应该觉察到自己情绪的波动，应该及时选择冷静退避，避免自己的不良情绪波及孩子，以免给孩子造成心理伤害。

（4）自我调整：冷静时，父母可以给孩子的错误进行归因，如遗传、孩子能力不足，还是年龄发展特点，或者是时间太紧等。找到原因，就能及时地调整自己对孩子的态度，也更有利于问题的解决。

5. 制订计划

要想有效陪伴孩子就需要在陪伴前做好完整的计划，然后按照计划具体实施。切忌心血来潮，临时起意，一定要有目标、有步骤。下面以培养孩子按时起床为例展示如何制订计划。

（1）制定阶段目标：帮助孩子不赖床，按时起床。

（2）设置节奏时间：一个月内每天早上7点。

（3）确定陪伴内容：早餐叫醒、游戏唤醒。

6. 和谐稳定的家庭

在一个家庭中对孩子最大的伤害就是父母之间吵架、打架或者是冷暴力。在这样的家庭氛围中，孩子的内心会非常缺乏安全感和幸福感受力，容易导致性格孤僻或者产生暴力倾向。给孩子营造一个有秩序的环境是教育孩子的核心。父母能给孩子最好的爱就是爸爸爱妈妈。在和谐稳定的家庭中长大的孩子才会内心安定，有心理基础去构建自我。

三、有效陪伴的方法

1. 建立亲子联结

亲子联结能帮助孩子建立安全感，从而获得自我构建的力量；同时孩子能获得价值感，这也是孩子感受爱的重要途径。建立亲子联结可以通过以下方法：

（1）肢体接触。比如拥抱、亲吻、击掌或者是目光接触。

（2）游戏。父母和孩子在游戏时一定不要带任何教育意义和功利心，就让孩子单纯地享受游戏的乐趣。

（3）接纳。父母要能够接纳孩子的负面情绪、失败、错误等。采取开放、不评判的态度，这样孩子才会愿意接近父母。

（4）共情。学会与孩子感同身受。比如关掉电视后孩子大哭，父母应该告诉孩子我知道你看不到自己喜欢的节目很伤心，你现在特别难过。这种共情能让孩子感受到尊重，能增进和孩子的关系。

（5）表达爱意。我们要用对方喜欢的方式去爱他。世界上最可悲的爱就是我想吃个苹果，可你翻山越岭，大汗淋漓地为我抬来一箱橘子。这种主观强压式的爱不但不能让对方感动，反而会引起他的反感，而我们中国父母恰恰最喜欢用这样的方式去爱孩子，往往忽略孩子的情感需求。研究显示，人类表达爱有五种形式：陪对方做他喜欢的事、认同赞美、赠送礼物、提供服务、身体接触。父母应该根据自己的孩子喜欢的方式来表达爱意。要判断自己的孩子是哪种类型，父母可以观察孩子如何向你表达爱或者平时面对重大事件时孩子是如何做的；也可以开放选择，比如在给予孩子奖励时给孩子几种选择，如果选看电影那就是陪伴型，选礼物就是礼物型。

2. 无压力沟通

沟通不等于训诫。中国式父母最常采用的沟通形式就是我说你听、我问你答，这种沟通形式是不平等的，只是父母主观意识的输出，往往会适得其反。我们在和孩子沟通时应该温柔而坚定，既避免只针对行为纠正也要避免止步于情绪安抚。同时和孩子的沟通应该不含指责，只阐述事实、寻求方法，不揪着错误不放。沟通中还应及时肯定孩子的进步和优点，培养孩子的自信心。

3. 注重仪式感

因为深爱才会如此郑重对待。通过仪式感能提升生活品质、增进感情；能让孩子获得幸福感、增加美好回忆；能培养孩子有礼貌、懂礼仪。父母在亲子关系中一定要善于利用仪式感来表达爱意。仪式感通常有以下两种形式：

（1）固定时间、固定行为，比如早安吻、家庭会议。

（2）特殊时间、特殊行为，比如生日、纪念日的惊喜。

4. 保持一致

孩子是父母的复印件。教育无非就是父母将自己知行合一的人生，毫无保留地展现在孩子面前，由孩子决定从中学习什么。所以，最有保障的教育方式，不是我们去教孩子什么，而是我们要先认清自己，努力成为可以让孩子学习的榜样。在陪伴孩子的过程中父母一定要以身作则。

（1）价值观一致：孩子不能遵守的规则，是与家长平日价值观相悖的规则，你要求孩子做到的，你也要做到。你要孩子认真学习，你就不能在孩子学习的时候在旁边玩手机，而应该和孩子一起进步，可以在旁边看书、练字等。

（2）评价标准一致：自己做不到就情有可原，孩子做不到就暴跳如雷，这样的双重标准势必会引起孩子的反感。一个家庭的评价准则一定要具有同一性。

5. 大格局对谈

大格局对谈指的是谈话内容不拘泥于细节，如袜子丢在哪儿、书要怎么摆，而要采用顶层输入。比如可以和孩子多聊一聊某一场战役、某个历史人物、某次历史事件或者是科学前沿等，这样的对谈能开阔孩子的视野，增长孩子的见识，让孩子有志向、有理想。

6. 爸爸多参与

父爱缺位的家庭，孩子往往缺乏自信，自尊心低下，自制力差，过于敏感，容易焦躁、孤独，产生情感障碍，动手能力和学业成绩也相对不够理想。成年以后，也会有许多不良生活习惯，难以在精神上"立"起来。中国家庭里，由于受到男主外、女主内思想的影响，陪伴孩子的角色往往是母亲，这样的家庭结构对孩子的成长是极为不利的。

通过有效陪伴，与孩子建立良好的亲子关系，在陪伴中培养孩子的安全感、幸福感、高情商，这是作为父母必须掌握的技能。相信在这样的陪伴中成长起来的孩子，一定是内心丰盈、充满力量的，必定会有足够强大的心理去面对纷繁复杂的世界。父母之于孩子，就是要给予他们这样的心理力量，让孩子们能在将来远离父母时，用乐观积极的心态去独立面对生活。

参考文献：

［1］张贵勇．真正的陪伴：爸爸教育孩子的9个关键词［M］．北京：中央编译出版社，2014.

［2］张扬．深度陪伴——如何高质量地陪伴孩子［M］．北京：北京理工大学出版社，2018.

［3］秋色连波．高质量的陪伴胜过"朝夕相处"［M］．沈阳：辽宁人民出版社，2019.

［4］卡特琳娜·盖冈.如何高质量地陪伴孩子［M］.徐晓雁，译.
　　北京：新星出版社，2016.

［5］苏珊·施蒂费尔曼.陪伴式成长，和孩子一起成为更好的自己
　　［M］.于娟娟，译.北京：中国友谊出版公司，2018.

上篇　活动体验类

中篇　亲子沟通类

下篇　亲子成长类

上 篇
活动体验类

校内体验类

在"黑夜"中守望暖阳

——亲子角色互换体验活动

深圳市坪山区同心外国语学校　杨杰

一、活动目的

（1）家长和孩子牵手同行，在设定的黑暗环境中，以一种较为陌生化的体验增进亲子间的感情；

（2）既在一定程度上消除家长与孩子间存在的隔阂和误解，增进彼此的沟通，又通过亲子群体间的活动交流，促进亲子对亲情认知的广度和深度。

二、理论依据

（1）哈洛的恒河猴实验提示我们父母对孩子的养育不能仅仅停留在喂养层面，要使孩子健康成长，也一定要为他提供触觉、视觉、听觉等多种感觉通道的积极刺激，让孩子能够感受到父母的存在，并能从他们那里获取安全感。

（2）依恋关系的质量决定一个人的心理水平发展是否充分，也会影响成年期与他人的亲密关系。

三、活动准备

（1）场地布置：结合场地（场地可以选择非露天的校园体育馆或者教室）设计合理路线，提前准备绳子、木头、塑料凳等障碍物若干组，将障碍物合理摆放。

（2）人员安排：按照参与的亲子人数合理分组；由于该活动有一定的安全隐患，需提前招募并培训家长义工为本次活动保驾护航。

（3）安全措施：活动开始前以及活动过程中，组织者要进行安全隐患的排查，并且主持人需要提前强调活动过程中的安全注意事项。

（4）特定物件准备：用于眼部遮光的棉布；亲子双方事先为对方准备神秘（事先双方相互保密）的信物，这一物件可以是与彼此有关的多年前的纪念品，也可以是彼此最近渴求得到的物品。

四、活动流程

（一）环节一：在黑暗中相互依靠

1. 以家庭为单位进行组队

一对亲子为一组（由孩子与父母中的一方组成，父母中的另一方可作为安全员为小组保驾护航），多组同时参加。

2. 穿越障碍物

首先将场地的光源关闭，并将窗帘基本合上（保留微光，确保视野相对清晰），用棉布将子女的眼睛蒙上，开始时家长牵着子女的手从场地的起始点往终点行进，其间家长以肢体的接触引导（非口语提示的形式）引导孩子绕过各种障碍物到达终点，之后再以同样的形式返回起始点。

3. 家长与子女角色互换

让家长用棉布将眼睛蒙上，由子女牵引家长行进，重复以上步骤，直到最后一组成员返回起始点。

设计意图：增进亲子之间的感情，父母与子女互换角色，体验彼此换位后的感觉。通过角色互换增进彼此之间的了解。在角色互换的体验中，释放信任，缓解隔膜。

4. 主持人提问可供参考的问题

（1）当父母为领路人

① 当父母带着你一起穿越障碍物的时候有什么感觉？感觉到安全感了吗，还是自己长大了不需要父母的跟从啦？

② 作为家长，当看着自己的子女一个人穿越障碍物时是什么样的心情呢？焦急但只能间接地帮助他们，该放手让他们自己独立成长呢，还是继续给予子女无限的关怀？

（2）当孩子为领路人

① 被孩子引导穿越障碍物，你的感觉是放心还是忐忑？是否觉得孩子长大或者将要长大了呢？他们的引导方式让你放心吗？作为父母的我们有时候是不是也该听取一下孩子的意见呢？

② 由你来引导父母穿越障碍物，有什么感触？是否也意识到父母带着自己走过这么多年的人生历程更为不容易呢？

（二）环节二：在信物的抚触中感受温暖

（1）依旧保持光线微弱，父母与孩子相对而坐，家长义工为父母和子女的眼睛罩上棉布，将亲子为对方准备的信物发放到赠送者手上。

（2）多组同时参加，同时播放舒适的轻音乐，营造一个看似处在"黑暗"之中，却充满温馨的气氛。

（3）家长和孩子依次将信物交到对方手上，通过触感，让对方描述对信物的感觉，猜测信物的名称和内涵，而后赠送者讲述准备该信物的用意或它背后隐含的故事（主持人须在活动过程中做好引导）。

设计意图：在信物的抚触中触发亲子间相处的点点滴滴，在故事的倾诉中感受亲情的浓郁与朴质，在情绪的起伏中感受彼此的内心。

（三）环节三：家庭互诉，美美与共

（1）以自愿为原则，各组成员分享自己的活动感受。

（2）分享结束，让亲子间相互拥抱，彼此说出"我爱你"，敞开心扉，大胆表达爱意。

（3）主持人（班主任老师）总结。

设计意图：通过子女和父母之间的倾诉，相互理解，达成互融，进一步建立良好的亲子关系。

五、活动效果与总结

其实有时候亲人之间并不缺少爱，缺少的可能只是一种沟通。在活动中，父母与子女通过彼此互换角色从而站在对方的角度思考问题，子女更加深刻地体会到作为家长的艰辛与不易，使他们懂得珍惜那份爱，父母也可从中体会到多花些时间与子女沟通、多了解子女的感受，或许比一味地给予要来得更重要。

在"黑夜"中守护暖阳这一活动为家长与孩子间提供一个平等交流、别开生面的平台。以体验式的活动，促进家长育儿的理念和技能的提升，帮助孩子以更全面和深入的视角看待父母。

同样地，该活动对主持人（班主任老师）语言表达能力和活动组织能力要求较高，需要以充分的准备和临场发挥、见机行事的方法来指导家长和孩子开展活动。这对于亲子和教师双方都是一个有益的尝试。

亲子沙盘游戏

——金沙上的温暖

深圳市坪山区同心外国语学校　张文婷

一、活动目的

（1）真实展现孩子的内心世界，完整呈现其内在情感和性格取向。

（2）加强亲子的高质量陪伴，给孩子提供内心能量和资源的支撑。

（3）搭建父母与孩子良性沟通的平台，与孩子建立良好的亲子关系。

二、理论依据

（1）精神分析理论之客体关系理论证明，沙盘游戏是孩子外在世界的心理影像及心理再现。

（2）荣格的分析心理学告诉我们，沙盘游戏可以将在孩子的意识自我和潜意识之间建立一座坚实的桥梁。

（3）卡尔夫的整合性思想说明沙盘游戏的整合性作用主要表现在几个方面：意识与无意识整合、身体与精神的整合、内在与外在的整合、自我与自性的整合。

三、活动准备

（1）沙箱：两个沙箱（一个干沙，一个湿沙，不可直接盛水），沙箱外侧通常为木本色，内侧为蓝色，目的是让制作者挖沙时有挖出"水"或"天空"的感觉。

图1 沙箱

（2）沙子：沙是整个沙盘中最核心的部分，沙子的颜色和质感意蕴各不相同。沙子为天然的、淘洗干净的海沙。沙子可以隆起来变成山峰，也可以拨开漏出蓝色的盘底代表海洋、湖泊。

（3）沙具：可放置在沙盘的模型小物件须包括人物类、动物类、植物类、建筑物类、交通工具类、家具设备类、生活用品类、抽象图形类（如三角、五星、球体等）、自然界物件（如石子），以及各种象征符号等。游戏中提供的沙具越多，越能够实现丰富的表达。

图2 各类沙具

图3　各类沙具

四、活动过程

（一）环节一：沙盘游戏前的预热工作

1. 游戏前准备

家长和孩子一起将沙具拿出，按类别摆放在桌上。家长也可以让孩子自己完成或者与孩子约定结束游戏后将沙具复原，培养孩子信守承诺的好习惯。

2. 家长与孩子商量摆放的主题

主题的选择可以与孩子生活相联系，既可以是动画片、绘本故事的内容，或者是重要节日的内容等，也可以是无主题，摆放后家长与孩子共同为这个沙盘作品命名。作者这里以一个家庭为例，他们一家三口人开始时并没有确定作品主题，作品完成后经商议确定了此次沙盘游戏的主题为"温暖小家"，后面以"温暖小家"代指这组家庭。

3. 家长与孩子以抽签的方式决定本次沙盘游戏的小组长

小组长有权确定拿沙具的数量，摆放的顺序与摆放的方式。随着玩的次数的增加，小组长的权力可以逐渐扩大，可以多拿沙具，可以拿掉别人拿的沙具，可以按自己的意愿为创建的沙盘作品命名等，这样设置的目的是培养孩子的边界与规则意识。在"温暖小家"案例中，这个家庭的小孩抽签成为小组长。

4. 规则确定

小组长确定拿取沙具数量、摆放次数、动沙动作等（摆放次数是指每人一次性把所选的沙具全部摆放完毕，还是一次只摆放几个；摆放轮次指每人每次摆放一个沙具，所有人都摆放后再摆放下一轮；动沙动作指可以在沙盘中开挖出江河湖海或可以用沙子堆出峰峦叠嶂等，小组长可以决定做这些动作时是否减少拿取沙具的数量）。

设计意图：凡事预则立，在游戏开始前将准备工作做好，确定好小组长和游戏规则便于沙盘游戏的顺利进行。

（二）环节二：沙盘游戏正式开始

1. 摆放开始

按小组长的规定拿取沙具并摆放沙具。小组长要求的规则可以由少到多，拿取与摆放沙具的过程中最好不要说话，即无语言交流。"温暖小家"这组家庭在游戏进行时，由于对游戏规则不熟悉会出现流程错误的情况，他们的解决办法是退回到之前的步骤，纠正错误的动作后重新开始。由于在游戏进行的过程中，要求大家最好不要说话，所以对于亲子间的默契产生了挑战。"温暖小家"这组家庭中，父母和孩子在对方完成摆放后都能够尊重对方的选择，继续完成游戏。

2. 分享

看着摆放好的画面进行分享。分享的内容可以包括拿取了什么沙具，表达了什么意思或代表什么故事，对摆放好的画面自己有哪些感受。"温暖小家"这组家庭的分享环节由孩子发言，他说在他们的家里有爸爸妈妈，还有2只布偶猫，他为我们介绍了自己的家有一个大阳台，晴天的时候他们一家人会在阳台上晒太阳，阳光暖暖地洒在身上，十分惬意。

3. 为沙盘游戏的作品命名

父母和孩子可以通过讨论为共同完成的作品命名，小组长具有最终的命名决定权。"温暖小家"家庭组最终讨论决定为他们的沙盘游戏作品命名为"温暖小家"。

4. 为创建的沙盘游戏作品拍照留念

游戏过程中，组织者可以为每组家庭拍摄制作过程中亲子互动的视频片段，最后剪辑成Vlog（博客）。根据每个家庭的作品，评选出"模范家庭""优秀小故事家"，参与沙盘游戏的家庭可以开展分享沙龙，谈一谈活动体验和感受。

5. 整理沙盘

将沙具按照类别不同有序摆放。

设计意图：通过共同完成沙盘游戏增进亲子间的互动与交流，尤其是最后的分享阶段，可以作为父母了解孩子的一个窗口，增进亲子关系。

五、活动效果与总结

亲子沙盘游戏从预热活动开始就致力于营造一个轻松与愉快的活动氛围。在游戏进行的过程中，父母和孩子增进了对彼此的了解，起到了比语言表达更自然和谐的效果，减少了语言可能带来的伤害和威胁。组织者通过观察发现，大部分家长在听完孩子的创作分享后往往会觉得出乎意料。很多家长会认为自己对孩子具备充分的了解，但是在谈到活动感悟时，都会说应该要更耐心地倾听孩子的想法，加强与孩子的沟通与交流，采取科学的教育方式。

亲子沙盘游戏在塑造良好的亲子关系中发挥着独特的优势，家长和孩子是血脉相连的家庭共同体。通过沙盘游戏，孩子与父母找到了交流的新路径，彼此能够敞开心扉、坦诚相待。值得一提的是，沙盘游戏有助于亲子间各自梳理情绪，让孩子的心灵获得愉悦感与幸福感，为家长和孩子留下美好的回忆，助力家长与孩子共同成长进步。

活动注意事项：

（1）活动组织者在进行游戏的过程中需要保持客观中立的态度，不要对参与者的作品进行肯定或否定的评判。

（2）活动组织者应当在活动开始前做好预热工作，为参与者提供一个接纳、信赖、温暖和安全的制作环境。

（3）活动组织者应该仔细观察参与者尤其是孩子使用和不使用哪些沙具，以及怎样使用沙具，必要时进行简单的记录。

亲子沙盘游戏主题建议：

（1）温暖小家；

（2）爱我你就陪陪我；

（3）我爱爸爸妈妈；

（4）我是爸爸妈妈的小天使。

参考文献：

[1] Jay R G, Stephen A. M著. 精神分析之客体关系理论 [M]. 王立涛，译. 上海：华东师范大学出版社，2019.

[2] 申荷永，高岚. 沙盘游戏：理论与实践 [M]. 广州：广东高等教育出版社，2004.

拼词成诗

深圳市坪山区同心外国语学校　林美婷

一、活动目的

（1）家长和孩子牵手投身大自然，相伴走进绿茵场，开阔孩子视野，提高孩子的综合能力，密切亲子关系；

（2）促进孩子健康成长，通过指导家长和孩子开展有情趣的亲子游戏活动，使孩子在欢乐的游戏中长身体、开心智；

（3）亲子群体间的活动交流，增进家长及孩子对家庭的认知和感情，增强家长与孩子之间的透明度、信任度，提高儿童的社会交往能力。

二、理论依据

（1）孩子的一切言行都是在潜移默化中形成的。这个时期青少年的逻辑抽象思维能力逐步占据主导地位，能够通过分析综合、抽象、概括、推理、判断来反映事物的关系和内在的联系，思维的独立性、批判性、创造性都有了显著的提高。

（2）青春期的孩子在情感方面存在矛盾性，包括独立性和依赖性的矛盾、成人感和幼稚感的矛盾、开放性和封闭性的矛盾、自制性和冲动性的矛盾等，难以沟通，通过户外活动可以自然而然地增进亲子之间的关系。

（3）在陌生环境中，孩子与父母在一起会更有安全感，能尽快消除对环境、人群的陌生焦虑感，更加顺利地投入亲子教育活动中来，并较快地适应集体活动，也能让亲子之间充分体验享受亲情。

三、活动准备

（1）八首古诗（提前将八首古诗打印成13份，并将每句诗剪成条备用）；

（2）A4纸若干；

（3）剪刀若干；

（4）一个空旷的活动场所。

四、活动过程

（一）环节一：分成小组，明确规则

在空旷的场地上，首先让学生和家长抽签各拿一张扑克牌，按照花色和数字将学生分为13组，每个小组4名学生，拿到"鬼"牌则为裁判长，以此确定各小组成员、2名裁判长等。家长们则为协助员，协助教师完成该活动。

设计意图：父母与子女双方都要担任不同角色，明确活动规则，以便活动顺利开展。同时通过转变身份来缓和亲子之间的关系，让孩子与父母间建立更加亲密的联系。

（二）环节二：勇取古诗

在裁判员的监督下，家长们站在50米外的线上，每七组为一个大组，分两轮，在2分钟的规定时间内，每组作为外派员的同学轮流到50米的家长处取古诗纸条，每个同学一次只能取一条，小组其余成员则负责收集采集回的纸条，越界则视为无效。

设计意图：家长与孩子的相互合作，不仅能让孩子体验游戏的乐

13

趣，也能让孩子通过对周围事物的观察、适应来认知事物和习得经验，实现孩子学习、现实生活、游戏活动的有机整合。

（三）环节三：智拼古诗

每个小组的成员将取到的古诗纸条拼在一起，最先拼出一首完整的古诗的小组全体举手示意，即视为完成任务，由裁判员检查通过。若发现无法拼成一首古诗，则重复环节二的内容，直至成功拼出一首古诗。

设计意图：培养孩子的思维能力和合作能力，体验亲子合作的快乐。

（四）环节四：颁奖交流

由家长代表向前三名小组进行颁奖，同时教师邀请获胜小组组长和失败小组组长、裁判员、家长代表逐一分享自己的心得体会，共同倾听他们的心路历程和活动体验。

设计意图：在发言过程中教师要注意引导家长、孩子表达亲子间对活动的感受，以此来激发父母与子女之间的情感，强化亲子关系。

五、活动总结

户外亲子活动是孩子们最喜欢的活动，但是传统的亲子活动，通常是把孩子们带到户外，带孩子们逛逛周边的公园，吃一吃带去的小零食，然后玩玩小游戏，如老鹰捉小鸡、击鼓传花等，这些活动都是孩子们在小学玩过的，只是换了不同的地方而已，不能真正体现亲子活动与集中教育活动的不同，也没有办法充分发挥亲子活动独有的教育价值。但只要对传统的户外亲子活动模式进行一些新的探索，就能让户外亲子活动更好地发挥其独特的优势。

在游戏过程中，家长们要积极主动地参加这个亲子活动，特别是在进行游戏时，不光要看着孩子自己活动，家长自己也要先动起来，给孩子做表率、做示范，配合教师用自己的热情把孩子的热情也带动起来。

而在这个活动中，我发现家长的热情、积极态度、行动直接影响着孩子的活动状态。另外，家长在这个亲子活动中的行为举止，也直接影响他们孩子的言行。这大概就是我们常说的"家庭教育的影响力"。

同时，在游戏的过程中，这些孩子惊喜地发现家长不仅是他的爸爸妈妈，更是他的朋友，还是能一起玩游戏的好朋友，而不是平时对着他瞪眼睛，管着他不准这、不准那的那个威严的 "大人"，他们感到异常放松、异常开心；他们甚至想跟大人比赛看谁更能干，因此在活动中的表现也更加出色。所以，有时候比起说教，通过亲子活动为父母与孩子搭起一个平台，也不失为一个良策！

参考文献：

王志萍，李碧华.通过整合课程提高户外亲子活动的有效性［J］.教育导刊，2016（10）：74～76.

"植物拓印"亲子DIY活动

深圳市龙华区华南实验学校　陈虹

一、活动目的

（1）大自然是人类的老师，只有体悟自然之美，才能转化为艺术之美。传统与色彩碰撞，开启孩子的感知力，感受植物色彩带来的视觉美，了解并学习拓印的历史和方法；

（2）通过陪伴互动的过程，培养孩子的耐心，通过叶片花瓣的裁剪和摆布设计，开发孩子的创造力和动手能力；

（3）家长和小朋友一起合作，锻炼孩子们的沟通表达能力，增强与家长的默契度，提升家长科学育儿水平。

二、理论依据

（1）皮格马利翁效应指出，热切的期望和赞美能够产生奇迹，期望者通过一种强烈的心理暗示，使被期望者的行为达到他的预期要求；

（2）美学理论指出，在真实的生活场景中，实践活动有助于孩子培养审美意识，提高其审美水平。

三、活动准备

（1）家长们在教师的带领下，在阅读室阅读《家庭教育促进法》，认知并讨论这类亲子动手实践类活动的重要性；

（2）材料准备：各式的植物材料、石膏粉、擀面杖等；

（3）教师指导家长们应该如何引导学生动手，如何放手让学生操作，如何给孩子爱的鼓励以及为孩子们做示范和引领，为亲子拓印的顺利开展做好充分的准备。

四、活动过程

（一）环节一：热场互动游戏

各家庭以所选择的植物作为家庭命名，如向日葵家庭、四叶草家庭，结合植物的寓意分别做家庭的自我介绍。

设计意图：通过命名环节，让参与活动的家庭互相了解，为活动开展热场。同时，有趣的环节让每组家庭的参与感更强，有利于增强活动的凝聚力。

（二）环节二：亲子植物拓印

（1）通过观看教师提前录制的视频（注：此处需要教师提前学习、示范并进行视频录制）、看图讲解步骤，为家长和孩子们介绍植物石膏拓印的手工制作方法。

（2）孩子们观看讲解示范后，拿出自己准备好的植物材料，在陶泥上精心构思，再用擀面杖耐心压平，然后用调制好的石膏粉浇注。

（3）父母在旁边恰当指导，积极互动。

设计意图：做到耐心陪伴和爱的鼓励。没有往日的催促，也没有过多的干涉，更没有批评和指责，让孩子们全身心地享受体验和操作的乐趣。

（三）环节三：活动感受分享

（1）在等待石膏凝固的时间里，组织家长和孩子们针对此次不一样的亲子陪伴时光写下自己的感悟（见表1）。

表1 在石膏凝固时间里写下自己的感悟

感受主体	活动环节	夸夸自己	夸夸对方
孩子	活动准备环节		
	热场互动环节		
	亲子拓印环节		
	感悟分析环节		
父母	活动准备环节		
	热场互动环节		
	亲子拓印环节		
	感悟分析环节		

（2）有爱大声说出来，经过耐心的等待，孩子们的作品新鲜出炉。由于操作过程中的细节掌握程度不同，有的满意，有的结果不如意。但要求孩子和父母交流游戏整个过程后，反思自己有待改进的地方，并肯定对方值得称赞的优点。以家庭为单位按顺序依次大声表达出来。

设计意图：父母的肯定是孩子最大的动力，通过回顾活动过程，认真挖掘对方的优点，会使亲子关系更加温馨，孩子也会在父母的肯定和期待中更加积极上进。同时，从孩子的角度发现父母的优点，有利于平等、积极的家庭教养方式的形成。

（四）环节四：活动成果展示

（1）收集各家庭植物DIY拓印成果，在学校果实剧场、年级连廊、班级展示区轮流展出。

（2）汇总本次亲子活动图文作品，制作成亲子纪念册。

（3）班级群、班级公众号、学校公众号宣传。

设计意图：通过总结、梳理和宣传，扩大活动影响力，给家长和孩子们留下美好的回忆。

五、活动效果与总结

本次亲子活动旨在让孩子们体验制作作品的快乐，同时也让家长们学习了家庭育儿的经验。活动主题和内容是家长和孩子都感兴趣的内容，但是植物拓印前期准备工作较多，有以下几点建议：（1）组织者需要提前学习拓印内容，并为家长和孩子制定清晰明确的操作步骤，为活动的顺利开展奠定基础。（2）植物DIY材料准备很关键，需要提前与家长沟通，准备材料。（3）家庭活动组至少有6组，需要提前确定参与人数。（4）在制作环节，关注家庭互动过程。

亲子陪伴需要的是父母和孩子都站在对方的角度体会各自不同的需求。亲子活动在我们的日常生活中处处可实施。关键在于父母认识到家庭教育的重要意义，掌握亲子相处的诀窍，真正做到尊重孩子，让其独立、快乐地成长！

当你用妈妈的语气和妈妈讲话

深圳市坪山区同心外国语学校　雷宇飞

一、活动目的

1. 增进家庭亲密度

通过互相模仿的方式，建立开放的、没有约束的亲子沟通方式，引导双方换位思考，审视自己在沟通中存在的问题，增进亲子亲密度，进而从家庭出发，帮助青少年自主发展并形成社会适应能力。

2. 培养青少年创新思维

通过趣味的模仿活动的创造和拍摄，在增进学生和父母之间的感情的同时，激发青少年的自主创新意识，锻炼自主思维能力，培养青少年的综合素质。

二、理论依据

1. 亲子沟通

《现代汉语词典》释义其为使父母子女两方都能够相连的方式。这一沟通包含了生活、情感、学习等多个方面，而沟通的背后是家庭教育的渗透与影响，这对当代中学生来说是非常重要的。

2. 曲线理论模型

奥尔森的曲线理论模型是家庭功能模型中的一种，他认为家庭功能是家庭成员之间情感联系、沟通以及应对外部事件有效性的反映，包括三个维度：亲密度、适应性和沟通。其中，沟通是对亲密度和适应性起促进作用的重要维度，良好的沟通是开放性较强、问题性较少的沟通。

三、活动准备

1. 家长动员

班主任在线召开家长座谈会，反映目前存在的沟通问题，并与家长达成共识，配合孩子出演。

2. 学生动员

由班会课启发，"语气模仿秀"提起学生的兴趣。

3. 教师准备

制作语气模仿示范视频，制作并打印剧本模板。

四、活动过程

（一）环节一：寻找剧本灵感

首先教师视频播放自行制作的模仿语气示范视频，先将家长和孩子们带入情景。

进一步设定询问学生的问题，平时你是否觉得父母讲话很唠叨、是否对和父母讲话感觉不耐烦、是否觉得父母不理解你，父母是否曾经觉得你语气不尊重、觉得你听不进父母的建议。那么如果你们语气互换，会出现什么情况呢？如果可以让你选择，你会选择用谁的语气和父母讲话呢？

通过各种短视频平台的创作内容分析引导学生如何设定情景，创作生活剧本，引起学生的兴趣，培养学生的创作力，也增进学生对生活细节的观察和感知，体会生活的乐趣。

设计意图：通过视频导入和问题设定，引起学生的共鸣，为学生的剧本设计提供灵感，激发同学们的创新思维，提起学生的兴趣，同时也反思自己与父母的沟通中存在什么样的问题。

（二）环节二：进行剧本创作

以小组为单位，共同讨论设定"语气模仿"情景剧本，以主要家庭成员，如父亲、母亲或者其中一方为对象，先讨论家庭生活中经常出现的具体情节。寻找在和父母的相处中由于沟通不当，而容易出现分歧和矛盾的环节，彼此讨论并选定具体的生活剪影片段。选定片段后以小组为单位撰写生活短剧剧本大纲（见表1）。

表1　生活短剧《当我用我妈的语气和我妈讲话》之xx篇

学校：		小组：		姓名：
分歧点：				
剧本大纲：	时间： 地点： 人物： 中心议题：			
真实感受（反思）	父母：			
	子女：			

设计意图：孩子们是最了解父母的人，由小组讨论创作剧本有利于学生互相交流观点和想法，激发学生的创新意识和创作能力。另外也可以共同寻找学生在家庭亲子沟通中的共同问题，增加活动的趣味性。

（三）环节三：剧本实拍

首先家庭共同研讨剧本，并选择好适当的场景和主题，根据大纲构思和回忆在现实的生活中对方是怎样讲话的，包括语气、神态、语言、动作、眼神等细节，并彼此交流关键的地方。

架好摄像机，结合剧本大纲和生活事实进行互换语气复原生活场景，同时注意在这个过程中对方身上反映出来的自己的问题，完成后进行剪辑，在视频中添加你觉得可以更换交流方式和语气的地方，并配上文字。

家庭共同观看视频，填写自己在模仿对方语气时的真实感受，思考自己在平时的交流中存在的不恰当的地方，并填写真实反馈表。最后由家长和孩子分别写下一封真挚的"家书"和"家信"，根据双方的反馈表，真诚地写下自己在这些语言背后的真实情感，和对方聊一聊自己这样讲话的原因，也聊一聊对彼此以后的期待。

设计意图：通过真实的视频录制和欣赏，帮助学生和父母共同发现在家庭沟通中存在的问题，并在这个过程中交流和讨论，增进亲子亲密度，营造和谐有趣的家庭氛围，并通过观察反馈表，帮助家庭建立开放性的沟通渠道，最后家书和家信的情感传递，有利于缩短亲子距离，提升信任感和联结感。

五、活动效果与总结

本次活动充满趣味，能在模仿与被模仿中体会彼此的真实情感和殷切期盼，父母能够理解孩子们为什么会出现不耐烦、沉默等表现，孩子们也能明白父母为什么会反复地强调一样的话题或一样的事情。其实在沟通过程中造成矛盾的有时候是语气，语言选择的不恰当，最终使得沟通的路径受阻，双方都不能理解对方的内心，不能走近对方的心灵，才造成家庭关系的不和谐。

这个活动能够帮助学生和家长关注生活、发现生活当中的趣事，从生活中感受温暖和幸福，也能通过剧本创作培养学生的创新意识。用趣味的方式将亲子关系的矛盾与冲突呈现出来，能让父母和处在青春期的孩子比较好接受，又能用幽默诙谐的语气让彼此在欢笑中反思和自省。

但是本次亲子活动需要的前期准备时间和实际操作时间比较长，需要班会课和家庭自主活动的紧密结合、节奏恰当，也需要家长的倾力配合，同时也考验学生的创作能力和动手能力，所以在整个活动过程中存在一定的问题。比如孩子们的剧本设计能力还有待提升，有些剧本过于简单，这需要他们对生活环节进行更细致的观察。另外有些孩子和家长的性格比较内敛，在展现剧本的时候会有一些拘谨。

参考文献：

［1］王京芸. 论青春期价值观自主性发展［J］. 吉林省教育学院学报（中旬），2013，29（4）：76～77.

［2］Olson CH，et al. Family inventories：Inventories used in a national survey of families across the family life cycle［J］. Family social science，University of Minnesota，St. Paul，MN. 1982.

家庭竞赛，活力无限

深圳市坪山区同心外国语学校 陈少秋

一、活动目的

（1）加强学校与家长之间的沟通与交流，充分发挥家校共育作用；

（2）丰富孩子的业余生活，给每一位学生展现自我才能的机会，培养孩子自信、大胆、勇于竞争的品质，促进孩子和谐发展；

（3）使每一位学生在学习之余好好锻炼身体；

（4）使每一位家长发现孩子的优点，注意各种才能的挖掘和培养，增强家长与孩子之间的情感交流。

二、理论依据

（1）根据《关于进一步加强中小学生体质健康管理工作的通知》，让孩子们健康成长关系祖国和民族的未来，也是每个家庭最大的愿望和期盼。

（2）心理理论：游戏是幼儿阶段的主导活动，也是促进幼儿心理发展的一种最好的活动形式。体育游戏是一种重要的游戏类型，是亲子互动的重要载体。亲子体育游戏具有社会性，可以帮助儿童学会表达和控制情绪，学会更好地理解他人的想法。

三、活动准备

（1）"表格"齐备：运动会项目表、报名表、班级口号收集表、抽签表、裁判打分表等须提前准备；

（2）采访调查：班主任通过问卷确认班级参与人数，家长以自愿为原则参与此次亲子运动活动；

（3）宣讲造势：班主任要讲解此次活动的好处，对于积极性不高的家庭，充分做好思想工作；

（4）物资到位：家委会准备好水、饮料、零食等补充能量；

（5）任务分工：对于比赛需要的啦啦队、拍照、监管孩子安全、发放物质、让孩子写鼓励的话语这些活动任务分配到个人。

四、活动过程

（一）环节一：提前抽签，决定顺序

提前一天通知班级各队代表，抽签决定各队出场顺序。

*设计意图：*保证比赛开始前家长跟孩子知道自己所在队列的出场顺序，确保比赛有序进行，同时增加孩子跟家长沟通机会。抽签靠前的队，家长和孩子能提前一天感受这种紧张的氛围，增强他们心理素质承受能力，让他们彼此互相理解，更加认真练习。

（二）环节二：整齐划一，蓄势待发

让孩子们排好队入场，然后播放《运动员进行曲》，致开幕词。

*设计意图：*让孩子和家长感受此次活动的严肃，提醒他们比赛要认真对待。

（三）环节三：绑腿比赛，深化理解

1. 赛前介绍规则：绑腿跑（2人3足）

参赛人数：每对由一家长带一孩子参加比赛；每队为1组，共10组。

比赛距离：50米。

裁判员：发令1人，记录1人。

规则：（1）家长的一只脚与孩子的一只脚绑在一起。（2）比赛开始后，2人从起点向终点走去或跑去，一对走完或跑完后另一对开始，依此类推。（3）最后哪一组所用的时间最少，哪一组就是获胜队。

设计意图：通过活动，让家长和孩子认识到彼此合作、相互理解的重要性。让家长认识到平时陪孩子的方式有很多种，同时也让家长去认识自己孩子有无限的潜能，孩子的快乐很简单。同时也让孩子认识到家长并不是高高在上的，他们的爱包含在每一个细节。孩子们在乎的东西，家长会尽力去争取。

2. 赛中鼓励加油：班级啦啦队和朗读学生或家长写的鼓励的话语

设计意图：因为比赛距离比较长，家长和孩子配合次数比较少，难免出现抱怨、放弃的想法。听到鼓励，家长和孩子双方也会继续努力。同时家长开始学会从"内心蹲下来"跟孩子说话，尊重孩子意愿，理解孩子，奋力拼搏。孩子也认识到家长对自己的支持。

（四）环节四：荣辱与共，握手言和

活动结束后，集中在班级内表扬获胜的队伍，并让家长和孩子都上台分享经验。对于失败的队列，也邀请他们上台说说比赛后的想法。

设计意图：强化亲子沟通合作的重要性。同时让家长和孩子都认识到彼此对对方来说都很重要。失败的队列，通过分享感悟，相信比赛后，会调整亲子之间相处模式，让亲子关系更加和谐。

（五）环节五：打扫卫生，恢复场地

各队家长跟孩子负责各队卫生，带走垃圾，保持场地干净。

设计意图：让孩子和家长养成干净卫生的习惯，认识到干什么都要有始有终。

五、活动效果与总结

此次绑腿跑，坚定了家长和孩子愿意一起为共同目标奋斗的决心。在活动中，他们有期待、有兴奋、有争吵、有抱怨，但最后都以合作、理解、宽容收尾。双方都在活动中不断成长。有的家庭也在活动中，发现自己存在的问题，教育孩子及时止损。作为家长每次想更懂孩子但却更有距离，他们也会反思是不是都用错言语或表情。作为孩子也愿意敞开心扉，倾诉内心的矛盾。马克思曾指出："法官的行业是法律，传教士的行业是宗教，家长的行业是教育子女。"家长是孩子最好的老师，他们深刻认识到在孩子成长的路上，他们也需要不断学习，换位思考。孩子也发掘家长的闪光点。明白他们唠叨背后的含义。双方拥抱，握手言和，共同走向人生新辉煌，揭开人生新篇章。

校外体验类

地球管理员：垃圾管理小能手计划

深圳市坪山区中山中学　王思浩　叶菁

一、活动目的

（1）2016年《关于指导推进家庭教育的五年规划》提出，到2020年，基本建成适应城乡发展、满足家长和儿童需求的家庭教育指导服务体系。

（2）垃圾分类是为了协助人类从根源上处理环境污染相关问题。

最好的教育是言传身教，以家庭为单位保护我们的地球，给孩子树立正确价值观的同时也是在帮助孩子进行初级的家庭理财。

二、理论依据

（1）垃圾分类：生活垃圾分为可回收物、有害垃圾、厨余垃圾、其他垃圾（见图1）。

图1 垃圾分类示意图

（2）广义的教育是人类通过有意识地影响人的身心发展而影响自身发展的社会实践活动。

三、活动准备

（1）亲子共同查找资料学习垃圾分类的知识，在公益过程中也必须保持专业；

（2）准备义工服、夹子、分类垃圾袋、家庭垃圾分类练习设备等；

（3）观察居住地附近环境，找寻安全的乱丢垃圾现象较为严重的区域作为回收点。

四、活动过程

（一）环节一：知识过关

设计意图：共同学习垃圾分类知识，模拟练习，了解这些不同类别垃圾是由什么原材料加工而来的，经过怎样的工序，含有哪些不易分解的成分；未分类处理除了浪费资源外还有什么样的危害，会造成什么样的环境污染；分类处理，又可以如何变废为宝。父母孩子在学习过程中不仅能为接下来的活动做好准备，还能形成环保的意识（见图2）。

图2　中山中学初三某班学生在家练习垃圾分类

（二）环节二：回收实践

设计意图：家庭就是社会的小单位，先在家中练习所学知识，实践巩固。在此过程中，不仅帮助父母解决了部分家务，也可回收一些垃圾如废纸、废电器等，交易后增加孩子的零花钱收入。费用不多但是对孩子的垃圾管理行动起到了极大的激励作用。在社区垃圾站可以尝试申请志愿者，帮助别人也快乐自己。

（三）环节三：带头引领

家长与孩子穿着义工服，共同清理公共区域的垃圾，形成亮丽风景线，带领更多社区亲友甚至陌生人加入环保行动，做最生动的环保宣传（见图3）。

图3　中山中学初一某班学生和家长清理河道垃圾

设计意图：在共同清理垃圾的过程中，也可以游山玩水，放松心情。在这样的心态下，沟通会变得流畅，减少彼此偏见。父母和孩子齐心协力互帮互助，逐渐形成默契。清洁公共区域本就是公益行为，在此过程中孩子的社会责任感也得到加强，不仅能使得孩子获得社会人士的认可，也能让爸爸妈妈得到孩子的认可，加强了家庭凝聚力。

五、活动效果与总结

学校教育是教育活动的核心，具有专门性、可控性和相对稳定性。而家庭教育是指一个人在家庭这个特殊社会结构中所受的教育，具有启蒙性、随机性和经验性，还具有个别性。适合的家庭教育方案往往有意想不到的效果，本次活动不仅给孩子们提供了学习和锻炼的机会，家长的环保意识也得到显著提高，借此还与街道的组织和居民形成了更为良好的关系。在亲子活动过程中不仅家庭沟通变得顺畅，家庭凝聚力得到了提高，班级凝聚力也得到了明显提高。

我们收获了许多，同时也意识到了自己在环保方面的不足。以下是我们的反思提升：

1. 宣传不足。我们意识到，很多人在环保方面的意识还不够强烈，导致垃圾被随意丢弃，河道被污染。我们应该加强宣传，提高人们的环保意识，让更多的人参与到环保行动中来。

2. 行动不力。我们固然要进行环保宣传，但是更重要的是要付诸行动。我们应该积极参与环保行动，例如定期清理垃圾、节约用水、减少用纸等。只有行动起来，才能真正保护我们的环境。

3. 知识不够。我们清理河道垃圾时，发现有些垃圾是我们从未见过的，不知道如何处理。这说明我们的环保知识还不够丰富，需要加强学习。我们应该了解如何分类垃圾、如何处理有害垃圾等，以便更好地保护我们的环境。

参考文献：

［1］关颖.社会学视野中的家庭教育［M］.天津：天津社会科学院
出版社，2000.

［2］李燕，吴维屏.家庭教育学［M］.杭州：浙江教育出版社，
2009.

打造亲子私家植物园

深圳市坪山区中山中学　王思浩

一、活动目的

亲子教育是从20世纪末期，在美国、日本和中国台湾兴起的一种新型教育模式。在家庭范围内实施生态教育即创建小植物园具有以下四种功能。第一，感受收获的生命力量。第二，增进与父母合作的感情，加深家庭凝聚力。第三，延续农村民俗、农耕等文化，牢记节约的国人本色，也可以作为家庭文化的传承。第四，增加对生态保育理念认知。

二、理论依据

（1）根据《关于推进中小学生研学旅行的意见》与《关于全面加强新时代大中小学劳动教育的意见》要求，把握育人导向，遵循教育规律，创新体制机制，注重教育实效，实现知行合一，促进学生形成正确的世界观、人生观、价值观。

（2）"耕育体验"通过耕育农业、三生农业、有机质农业与耕育农法生态种养殖循环经济发展模式，用田园牧歌式的农业体验及生态教育理念，为青少年儿童劳育和婴幼儿亲子教育提供体验实践，可以将大园区转移为小园区，在家庭范围内展开更利于亲子互动的活动。

三、活动准备

（1）准备启动基金并购买花盆、种植用土、花苗等；

（2）种植工具和材料：铲子、叉子、手套等；

（3）设计图纸所需要的文具，包括白纸、铅笔、卷尺、彩色记号笔等。

四、活动过程

（一）环节一：园区规划图

孩子与家长共同讨论，结合家庭空间和实际偏好，设计双方都满意的基本布局，明确园区定位（花园、果园、菜园等），由孩子自主设计规划，家长协助完成最终的规划图（纸质版、电子版均可）（见图1）。

设计意图：将工程师的任务交给孩子，也就是给予他们尊重、民主、平等、信任，是给孩子让出了成长的空间，给孩子自主选择的权利，同时也赋予了孩子责任。孩子们的设计能力和绘画能力都会得到提高。

图1　深圳市坪山区中山中学初三某班家庭蔬菜园幼苗

（二）环节二：预算报表

结合设计图，孩子整理耗材和植物列表，家长利用网络资源协助标记单价，最后形成预算表。预算偏差需要共同协商，在计算的过程中争取效能最大化。

设计意图：让孩子切身感受到金钱的力量，体会到生活的现实，逐渐形成理财观念，形成更完善的消费观和金钱观。

（三）环节三：采购和搭建

可结合原有材料改造，也可网购，最好共同到商场选购，体会全面的购物过程，并在本环节中对园区进行适当的调整与升级。全家总动员，搭建园区，精雕细琢、脚踏实地完成搭建，共同解决问题，一起体会劳动的过程。

设计意图：变说教为身教，共同动手，在过程中增强双方沟通，也可以分享人与人交往的技巧。全家包括弟弟妹妹、爷爷奶奶等一起动手，感受家庭的温暖，巩固家风，传承国人的坚韧品质。

（四）环节四：植物种植与养护

植物种植可以分为栽种和移植两种方式，难度主要体现为不同植物需要不同的照料方式。建议实施小组或个人承包区，对比管理形成竞争。也可邀请亲友同学来参观，以维持对园区的重视。植物在选择时应当存在不同的花季或果实成熟期，以便产生不同时期的进阶任务。比如1—3月种植天竺葵和朱顶红，4—6月种植无尽夏和风车茉莉，7—9月种植落新妇和杜鹃，10—12月种植仙客来和角堇（见图2）。

设计意图：自然界蕴含着无数生灵，也潜藏着无数生命原理。一呼一息，一草一木，都应当被尊重。在照料植物的过程中，学生既可以感受农耕文化，也能体会到一次次收获的快乐，实现自我肯定。如有亲人朋友分享喜悦，将家庭教育中常见的否定变为肯定，将有助于建立更为和睦的家庭关系。

图2　中山中学初三某班学生放学后照顾植物

（五）环节五：纪念相册（选做）

家长制作园区相册，孩子补充文字和规划图，最后形成一本手册。

设计意图：记录成长，美好回忆。

五、活动效果与总结

在自然的氛围下，更多的是好奇心和求知欲的指引，变说教为身教、变命令为商量、变否定为肯定、变唠叨为关爱、变管制为放手、变主角为配角，适应青少年的"自我同一性"需要，活动内容趣味性很足，年龄限制较小，尤其是收获的季节会让孩子的成就感满满。

不足之处在于周期较长，前四个环节一般需要一整个周末，第五个环节可能需要一个月以上，最好选择种植花季或果实成熟期不同的，甚至选择部分移栽的半成熟的植物，比如盆栽草莓。孩子需要内驱力，必须和其形成对比试验田，不能出现为了实现孩子的胜利，而故意放水的行为，反而是对孩子敏感内心的一种伤害（见图3）。

图3　深圳市坪山区中山中学初三某班学生成品小花园

参考文献：

［1］王晓燕.研学旅行的基本内涵和核心要义——《关于推进中小学生研学旅行的意见》读解［J］.中小学德育，2017（9）：2.

［2］吕知璐.从电影《成长教育》中谈青少年心理危机［J］.心理与健康，2019.

［3］None.深耕德育案例 熔铸德善品格——苏州市吴江区盛泽小学德善品格课程实施［J］.生活教育，2019（2）：1.

寻找爸妈儿时的美味

深圳市坪山区同心外国语学校 邱璐

一、活动目的

（1）青春期的孩子与父母的关系不再像小学阶段那样亲密，更多地与年龄相仿的同伴一起交流、活动。通过学生采访父母，了解父母儿时关于美食的故事，促进亲子沟通。

（2）家长在孩子"心理断乳期"往往没有心理准备，甚至愈加束缚，导致家庭教育很难实施。通过学生与父母一起制作美食，在活动中传递父母成长的故事，促进亲子的相互理解和交流。

（3）通过分享美食，传承记忆中的味道，培养语言表达能力和思考能力，并从中感受生活的乐趣。

二、理论依据

（1）同理心：即设身处地地对他人的情绪和情感的觉知、把握与理解。青春期的孩子与父母难沟通，很多时候是父母仍端着家长的架子，不能理解孩子叛逆、不听话背后的原因。家长一味地以"权威"示人，孩子在父母面前变得更加封闭。设置有效的活动，让家长能从自身成长过程中回忆，理解孩子在成长过程中的探索。

（2）有效沟通：良好的亲子沟通，不仅可以减少亲子双方不必要的矛盾，更可以有效增进亲子之间的感情，对孩子成长过程中的正确引导也更容易实施。青春期的孩子已经开始有自己的思想，对待事物也有自己的认识，故有效沟通才能真正走入孩子内心，让孩子理解父母的用心。

三、活动准备

（1）提前与父母协定好采访时间（父母与孩子都比较空闲的时候）；

（2）与父母一起准备制作美食需要的食材或所需的烹饪工具；

（3）提前统计班级学生的父母籍贯，并根据籍贯合理分工，小组制作美食分享PPT。

四、活动过程

（一）环节一：听故事

学生扮演小记者，采访自己的父母，询问父母儿时关于美食的记忆，并用纸笔记录制作美食所需的原材料和制作方法。

设计意图：通过一对一的采访，拉近了学生与其父母的沟通距离。回忆美食制作的过程，也是家长回忆儿童时光的过程，家长能从中感受自己儿时的成长，也会对孩子的成长产生同理心，理解孩子成长过程中的探索与迷茫。同时，也能增进孩子对家长的理解，知道今昔的对比，珍惜当下来之不易的美好生活。

（二）环节二：做美食

根据父母所提供的美食制作方法，提前准备好原材料及烹饪工具，学生在家里与父母一起制作美食，还原父母儿时的美味。

设计意图：学生与父母共同制作美食，不仅让亲子关系在和谐、愉快的氛围中有效互动，也让学生感受到生活的乐趣，提高了生活自理能力。

（三）环节三：品美食

学生可邀请朋友、亲人或邻居一起品尝与父母共同制作的美食，并对比父母儿时的美食与现在常见的街头美食（如奶茶、炸鸡等）有哪些区别。

设计意图：通过分享美食，促进学生良好的人际关系。在对父母儿时的美食与现在大众喜欢的美食进行了解的过程中，感受时代变化，促进学生思考历史变迁带来的社会影响。

（四）环节四：创美食

学生在父母的指导下，共同制作一道新的符合家庭成员口味的美食。在此过程中，学生完成美食的菜谱介绍（用手抄报的形式呈现、图文并茂）、美食成品制作，并将其拍照分享至家庭群。

设计意图：通过与父母一起制作新的美食，在合作分工中促进亲子沟通。新的美食制作也融洽了家庭氛围，传承了"家"的味道。

五、活动效果与总结

大多数家长反馈孩子很少主动找父母聊天，而学生采访父母的环节有效地促进了亲子沟通及相互了解。多数孩子很少下厨房为家人做饭，在制作美食的过程中让学生感受到父母平时做家务的辛苦，也感受到劳动后能有收获的快乐。学生在与家人的合作分享中，学会了分工协作，也让家庭氛围更加融洽。

家庭教育的实施离不开良好的亲子关系。家长平时总会提到初中阶段的孩子不爱听父母的话，但愿意听从教师的指导。亲子活动若能将家庭活动与校内活动紧密联系起来，不仅能增加亲子有效互动的机会，也能够让家校共育变得更加实际。在以后的亲子活动中，还应该多创造让家长直接参与班级活动的机会，也能让孩子们感受到父母对自己成长过程中的关注与用心，真正实现家校齐心。

一路同行，安暖相伴

——亲子主题旅游活动

深圳市罗湖区罗湖中学　罗曼宁

一、活动目的

长假往往是初中孩子与父母出现较大冲突的高峰期，合理安排假期时间，劳逸结合，既是改善亲子关系的契机，也能避免亲子在长时间的同一场景（家里）下积攒的矛盾爆发。

基于以上背景，活动目的主要有：

（1）通过旅行计划制订，锻炼孩子独立规划能力并建立正确金钱观；

（2）通过旅行路途中问题的解决，增进亲子感情，为孩子面对和应对挫折与困难提供经验；

（3）通过旅行途中与不同人的交流交往，安排一个有挑战性的户外活动，锻炼孩子的社交能力，培养户外活动兴趣。

二、理论依据

根据维果茨基提出的"最近发展区"理论，初中孩子已经有一定的计划能力，但对现实世界认识不足，制订、实施旅行计划，并在途中"打补丁"能够锻炼孩子的规划能力和"主人翁"意识。

三、活动准备

（1）电脑、手机；

（2）父母确定预算和目的地。

四、活动过程

（一）环节一：家庭会议，搭建旅途框架

家庭民主决策确定旅行目的地、经费大致预算和消费重点（如交通、住宿、美食等）。具体来说，最好共同确定路途中每天的出发时间点，并引导孩子确定一个有挑战性的户外活动，如徒步、爬山、溯溪等。

确定旅途中的家庭分工，如孩子为小队领导者、小导游1号，妈妈为财务总监、小导游2号，爸爸为搬运师、摄影师等。

确定旅行的"约法三章"（基本准则）：安全第一、避免负面情绪化冲动、切忌盲目消费等。

设计意图：预算确定有利于建立正确金钱观和规划意识；户外活动的规划为旅途的丰富性提供重要素材，同时，大部分户外活动有利于培养孩子的意志力；有利于避免过多不必要的家庭冲突，同时为孩子提供良好家庭沟通方式的示范。

（二）环节二：二次会议，完善攻略1.0

孩子通过书籍、网络媒体（旅游博主、旅游App）等渠道，对目的地的自然、文化、经济、美食等建立全面认知。

结合便利性和家庭支出权重，孩子规划行进路线，合理安排住宿、交通，完成旅游攻略1.0版。

二次会议中，父母对旅游攻略1.0版提出有效且实际的完善建议，如住宿是否便利，美食是否遗漏，户外运动装备是否到位，规划重点拍摄景点的衣物等。

根据攻略，孩子和妈妈能准备好目的地著名景点导游词并能熟练演习。

注意事项：旅行计划由孩子主要制订，但父母参与并担任旅行中的辅助者才能更好地获得相互支持感，增进沟通和感情。

设计意图：二次会议的细节确定和讨论能够给孩子支持感，避免孩子在其中体验被测试、待评估的感受，对攻略的完善过程也有利于孩子形成完善规划的能力，同时，明确的分工也能让旅途和家庭更融洽。

（三）环节三：旅行开始，拍摄并记录感受

每天发一个图文并茂的朋友圈，引导孩子在旅途中发现美好的人、事、物；旅途中遇到不顺时（如户外活动遭遇体力挑战），将事情的客观经过和每位家庭成员的感受记录下来，并留下当时的家庭合影，在旅途结束后的家庭手账中可以进行感受和思考的二次记录。

注意事项：孩子受挫如有情绪失控，父母应避免自己失控责备，保持情绪稳定，并及时鼓励、引导才能为孩子今后应对挫折提供良好示范。

设计意图：既引导孩子发现生活中的小确幸，培养良好的心理弹性，又通过旅行路途中困难的体验过程和解决过程，培养孩子的耐挫能力和情绪弹性，在一定程度上为孩子今后应对挫折与困难提供经验。

（四）环节四：制作手账，进行民主颁奖

将旅行中的照片挑选出来，制作成家庭手账，并在进行社交平台分享，设置"最佳小导游""最让人安心""最让人开心""最让人暖心""最美模特""最佳摄影奖"等荣誉称号，为各荣誉称号配上相匹配的奖品，如国家地理杂志、美食、娱乐券等。

在家庭会议中通过民主投票颁发称号，领奖者发表一段感谢词，词中充分肯定自己为获得该称号所做的努力，并表示自己会再接再厉，或

希望下次旅程能解锁新称号。

设计意图：学生在制作成家庭手账和颁发荣誉称号的过程中能够生动地回忆和总结旅程，使家庭氛围融洽，也有利于完成假期的作业。

五、活动效果与总结

通过独立规划旅程和父母的有效支持，能够培养孩子全面计划、独立解决问题的能力，有利于亲子感情的融洽发展。而预算规划和分配有利于建立正确金钱观，避免攀比或今后滥用零花钱的行为。

此外，在我们的日常生活中，孩子的生活结构是较为固定和单调的，大部分时候是家庭和学校，亲朋好友的来往并未脱离孩子从小熟悉的范围，孩子能遇到的挫折不外乎是成绩下滑以及与同学、老师、家人产生矛盾这类。基于此，对孩子耐挫、独立性等的培养往往缺乏有效情境。

而一次完满的旅行攻略需要一定的旅行经验才能完成，初次进行这一活动的孩子大概率会在整个过程中经历多次挫折，如计划路线的不合理、预算分配不合理、户外活动时间和体力预计不到位、交通或住宿安排不十分完善等，这一过程中的情绪感受、处理方式与事后反思等都为建立良好的耐挫性和心理弹性奠定基础。

家庭周报

深圳市坪山区同心外国语学校　刘蓝茵

一、活动目的

（1）促进亲子沟通以及孩子对家庭新鲜事的关注。

（2）锻炼孩子观察记录与表达的能力。

（3）家庭成员共同参与，以竞争形式激发孩子的参与热情。

（4）约定一个周期进行活动总结与及时反馈，颁发相关奖励，为后续更多亲子活动的有效开展奠定基础。

（5）收集整理成果，形成家庭的美好回忆。

二、理论依据

（1）美国实用主义教育创始人杜威提出，现代教育的三个中心是教育即生活、教育即生长、教育即经验的改造。简单而言，就是倡导学生的教育应该与生活紧密联系，让学生能够从做中学，从生活实际出发，在探索中积累直接经验。

（2）习近平在全国教育大会上指出，家庭是孩子的第一所学校，父母是孩子的第一任老师，全员积极参与此活动，能够营造良好的家庭互动氛围，同时共同提高观察与表达的能力。

（3）此项亲子活动的设计，旨在给予学生观察和表达的机会，锻炼学生的综合素养，实现在实践中培养学生的目的。

三、活动准备

（1）拍照工具；

（2）便签本；

（3）敏锐的观察力；

（4）活动当事人应熟悉播报新闻的基本用语；

（5）电脑或手机等支持简报编辑的工具，如选择手绘则需要准备纸张和彩色笔；

（6）最终整理成果时，可能需要打印；

（7）相册或文件夹，用于收集、保存周报。

四、活动过程

（一）环节一：举办家庭周报启动仪式，说明活动内容及奖励

1. 明确活动内容

家庭成员全员参与，每人负责一周，以轮值的形式观察、记录本周家庭内发生的大小事件。当周负责人需完成拍照、配以文字解说等工作，轮值周期完成后，对当值期间的家庭见闻加以筛选和整理，形成简报，在每周的家庭会议上分享家庭一周见闻。

2. 明确奖励规则

假期结束后，收集所有家庭周报，可以通过邀请亲朋好友或者发朋友圈投票的形式，决出最优，也可约定作品得多少票获得一定的奖励。

设计意图：明确任务内容及规则，商议并建立起评价体系和激励机制，给孩子创造仪式感，调动全员参与活动的积极性。

（二）环节二：学习撰写新闻简报的知识，正式开始轮值

家庭成员共同学习新闻撰写与播报的相关知识，通过查阅资料或者请教他人，初步建立起制作简报的框架。

制定值班表，并开始实施。第一周可以由父母负责，给孩子建立榜样，同时在遇到问题时可以拿出来进行讨论，为后续的活动开展总结经验。当周负责人收集每周事件的照片，也可采访关键人物，做人物专访，形式不限。

设计意图：学生可以通过阅读报纸杂志，模仿和创新家庭周报的书写及呈现形式，既促进了亲子关系的发展，又有利于提升孩子的思维表达能力。提供给孩子一个观察和深入了解家庭与成员的机会，这一环节可以锻炼他们观察生活、捕捉细节的能力，也能够抓住交流的契机，使家庭成员之间都有更加充分的交流，以此增进家庭关系。

（三）环节三：召开每周家庭总结大会

当周负责人进行现场新闻播报，其他家庭成员进行现场记录和简单的点评。

会议后可以将周报成品和播报视频、图片等分享至家庭群聊或者朋友圈，假期结束后，由亲朋好友共同投票，评出优胜者。

设计意图：实践后的展示非常重要，只有让孩子们拥有一个表达自我的平台，才能提高他们的成就感，也能锻炼他们的语言表达能力。同时，简短的点评也是亲子沟通的一种形式，使孩子们得到家长的反馈，趁势鼓励并提出下一步的要求，也更有利于孩子接受和进步。

（四）环节四：成果展示

一整个活动周期过去后，由专门的一名家庭成员对每次会上提供的当周新闻简报及成员播报新闻的图片、视频等材料加以收集和整理，统一将成员作品和现场图文资料分享至朋友圈，由其他亲朋好友共同投票，以此作为评议和获得奖励的依据。及时对孩子进行表彰，按照约定好的奖励机制对其予以肯定。

设计意图：按照环节一所约定的，活动周期完成后需要对成员的作品进行评议，并予以一定的奖励。切实落实奖励机制，才能鼓励孩子认真参与并坚持完成任务，也能为将来更多家庭活动的顺利开展奠定基础。

五、活动效果与总结

家庭周报的活动，实际上融合了语文学科教学的内容和家庭亲子活动两个方面，经过假期的实践，坚持下来的家庭收获了许多欢乐的日常生活记事，孩子们对于新闻播报与写作的知识点也有了更加切实的体悟。活动过程中，父母、孩子从一开始的习以为常，到后来善于从琐碎的生活细节中挖掘出更多值得记录的不同凡响的瞬间；在每周播报新闻时，各家庭成员之间也有了许多交流感想的机会。最激动人心的是终期总结评选阶段，成员的好胜心都被激发，真正起到了竞争的作用，也使获得的奖励显得格外珍贵。但由于活动需要家长的配合，需要定期召开家庭会议，有一些孩子和家长较难坚持，总被其他安排打断。不过即便只能实行一两周，也在这一实践中获得了一些进步，找到了亲子沟通的契机。

我想，一切亲子活动开展的最主要目的都是增强亲子交流，作品固然是锦上添花，但交流的密切，也不失为活动开展的一大成效。

美食 "家"

深圳市坪山区同心外国语学校　刘蓝茵

一、活动目的

（1）增进父母与孩子之间的沟通交流。

（2）强化家庭成员的动手实践能力，培养大家的耐心以及相互帮助的意识。

（3）为父母提供多维视角，去评价自己的孩子，发现他们的闪光点，缓和由于学习成绩导致的有些紧张的亲子关系。

（4）最终的作品也可以成为一道美味佳肴，共同分享，收获满满的感动与快乐。

二、理论依据

（1）实用主义教育创始人杜威提出，教育即生活，教育即生长，教育即经验的改造。简单而言，就是倡导学生的教育应与生活紧密联系，让学生能够从做中学，在探索中积累直接经验；

（2）通过组织学生参加多种形式的实践活动，促进学生理解消化教师传授的知识和技能，培养学生的动手能力、沟通协作能力、发现解决问题的能力和创造力；

（3）此项亲子活动的设计，旨在给予学生动手实践的机会，锻炼学生的综合素养，实现在实践中观察、培养学生潜在能力的目的。

三、活动准备

（1）一幅能体现成员特点的全家福简笔画。

（2）设想能够还原简笔画的食材清单。

（3）全家采买食材。

（4）厨师装备：围裙、帽子、手套等。

四、活动过程

（一）环节一：成员齐上阵，绘制全家福

父母与孩子一起绘制属于他们的全家福，注意绘制过程中抓住每个人物最突出的特点，加以放大或夸张，以便后续制作全家福时能够更具象、好操作。

设计意图：考察家庭成员相互之间对彼此的了解，绘制全家福要求突出特点，这就需要进行观察和总结，回想日常生活中每个家庭成员最突出的特征，共同绘制有利于促进家人之间的沟通交流，同时能够使反映出的每个成员形象更加全面客观，也有利于家长、学生反思在日常生活中自己是否对家人关注不够，增进后续的情感维系。

（二）环节二：开展头脑风暴，准备相关食材

绘制完毕后，共同商讨各部分需要使用什么食材，发挥想象，同时要有一定的方向，如头发用什么制作，人物的躯干用什么制作，列好食材清单。在这部分，家长应起到辅助作用，先让孩子自己思考各部分可以用的材料，再在孩子遇到难题时予以一些启发，充分考虑食材的成本、可塑性等。接下来就可以一起出门了，与父母一起根据清单选购食材。在选购过程中，也应注意加强沟通，如在超市中看到更合适的材料，可以及时指出，共同分析其与原定材料的区别和各自的优劣，力争选取到最合适的材料。

设计意图：从平面的绘画作品走向制作和呈现，需要理论与实际生活经验相结合。这个部分父母充当指导的角色，给予孩子一些食材选择上的指导，能使孩子充分认识到父母在生活经验上的丰富，从而树立起父母在孩子心目中的形象。在共同商讨的过程中，孩子的设想也会让父母从新的角度认识他们，实现更加良性的沟通。选购食材是一个最直观的经验积累过程，可以通过对比，使孩子更清楚地知道选取食材的原因，不同食材的材质，从而设想这些食材在制作全家福过程中的作用及对最终作品成果的影响。选购过程中或许需要替换食材，也能有效加强成员间的相互交流，从实用性、购买成本等多角度考虑问题，这些都能进一步提升学生的综合实践能力。

（三）环节三：亲手制作，绘制独具特色的全家福

回到家后，穿戴好厨师服装配饰，确保食材卫生。拿出绘制好的全家福图片，取出食材。可以进行分工，如父母制作哪一部分，孩子制作哪一部分。也可以父母制作孩子的形象、孩子制作父母的形象，最后拼接在一起。在制作过程中，应多交流、多观察、多求助，及时观察阶段性成果，提出建议或者予以帮助，争取把每个人的特点还原在作品中。

设计意图：采取分工合作的形式进行，可以提升作品制作的效率，也可以在制作过程中增强父母对孩子以及孩子对父母的了解。采取集体合作的方式，则可以始终保证全员参与，一起体会遇到问题、提出方案、解决问题的快乐与收获。二者都是不错的选择。

（四）环节四：成果展示

制作完毕后，将美食"家"作品进行最后的修饰和摆盘，成果展示可以采用内部评价方式，家庭成员互相点评对方的作品及在整个活动中的表现，评出最优者，可以决定今天的晚餐，由另外的家庭成员负责制作该成员想吃的食物。也可以采用引进外部评价的方式，将作品拍照上传至社交平台，由亲朋好友进行竞猜，看作品中的人物分别是谁，给好

评最高的成员奖励。

五、活动效果与总结

布置了这项作业后，家长和学生都非常积极地响应。有一对双胞胎的妈妈私信我说，和孩子一起完成作品，一开始哥哥和弟弟的身板都切得一样大小，孩子看到后说"小宝没那么瘦，我来"，最后呈现在作品中兄弟俩的脸一样，身板一大一小。还有家长在朋友圈晒出了孩子制作作品的全过程，说上了初中以后孩子的话变少了，也总是没什么情绪表达。但完成这项作业的时候，虽然把地板上弄得全是饭粒，却高兴得不得了，他评价自己的作品说："虽然外观上差了一点，味道绝对是杠杠的。"从这些反馈里面我们可以看到，家长和孩子之间相互都非常渴望能够进行交流，却总是缺少机会，而这个活动给了他们很好的桥梁，也改变了很多家长对自家孩子的认识。

书里说，父母与孩子之间最大的遗憾莫过于长大成人后，父母在等孩子感恩，孩子却在等父母道歉，我想，亲子活动的开展正是为了避免这样陷入僵局的亲子关系磨灭父母与孩子之间的爱，让感恩和理解伴随孩子的成长，也促进父母的成长。

附：【部分学生作品】

我爱我家　喜贺新春

深圳市坪山区同心外国语学校　吴敏

一、活动目的

（1）祖孙三代共同庆祝别样新年，增进和谐家庭氛围。

（2）通过展现祖孙三代的兴趣点，促进彼此的沟通与理解。

（3）学会彼此欣赏、彼此看见、彼此鼓励，尊老爱幼，促进家庭教育方式的改变。

二、理论依据

（1）马斯洛需要层次论指出，人的需要分为生理需要、安全需要、归属和爱的需要、尊重需要、自我实现的需要。学生在活动中能满足归属和爱的需要、尊重需要以及自我实现的需要。

（2）环境决定论认为，人是环境的产物，儿童的成长由环境决定。良好的家庭氛围让儿童能自信地发展自我。

（3）依恋理论决定了孩子跟父母有强烈的依恋情感，通过实现与父母的联结，孩子能够感受到更多的安全感，并向更好适应生存的方向发展。

三、活动准备

（1）环境布置：春节前购买相应的环境布置工具和材料，如剪纸、春联、鲜花、窗花、灯笼、中国结、"福"字等春节装饰，水果零食等春节小吃。

（2）材料准备：祖孙三代各自喜欢的歌曲单、歌曲视频或者音频、乐器伴奏、心愿卡、祝福卡片、心愿瓶、彩笔、笔、祝福礼物、摄像机、录像机等拍照录像设备等。

（3）排练准备：每个人提前练习自己想表演的曲目、舞蹈、小品、魔术等节目。

四、活动过程

（一）环节一："我爱我家"之春节装扮

（1）新的一年又来到，准备好装饰品，探讨装饰品摆放的位置和方式，讨论装扮效果和喜好，交流审美风格。

（2）家庭成员一起按照讨论的结果合作完成房间的装饰。

（3）相互赞美对方的帮助，欣赏装扮成果，感受春节氛围，相互了解审美风格。

设计意图：春节装扮涵盖审美、对家庭的期盼、对新年的期待等重要内容。家庭成员之间需要从小事入手，相互沟通了解，求同存异，通过讨论、协商、妥协等，确定春节家庭的装扮，同时也让成员了解各自的审美喜好、心中的期望等，又通过合作增进彼此的情感沟通。装扮好的房间会让参与的家庭成员共享合作的成就感，找到自己在家庭中的存在感和价值。

（二）环节二："我才我秀"之才艺展示

（1）以歌曲为例，讨论不同年代流行的歌曲、歌手以及特点，谈谈自己喜欢的歌曲类型，打开话题，评鉴歌曲，推荐好听的歌曲，进行演唱前的热身。

（2）祖孙三代把所在时代最流行、思想向上、有感染力的曲目唱给彼此听，感受时代主题的变化以及音乐风格的改变；能进行乐器演奏、舞蹈或者小品、魔术等的表演。

（3）鼓励表演者，通过表扬、喝彩等方式表达自己对对方所表演的节目的欣赏，找出表演者表演出彩的地方，无论表演者表演得怎样，给予表演者无限的包容和肯定，或者给出温和的提升建议。

设计意图： 从各自感兴趣的歌曲或者时代流行的歌曲入手，让家庭氛围自由轻松，表演的过程中鼓励家庭成员自信展示自己，营造和谐包容的家庭氛围，使有其他兴趣爱好与特长的家庭成员获得展示的机会，呈现自己平时练习的成果，相互分享自己的兴趣爱好，增进家庭成员之间的沟通与理解，感性认识祖孙三代生活的不同时代背景，又从自己的爱好切入，让谈话更让人感兴趣。家庭成员的鼓励让人更加充满自信。

（三）环节三："我年我爱"之春节变迁

（1）倾听爸爸妈妈、外公外婆讲述自己的春节故事。

（2）感受春节的变迁、时代的变化，珍惜今天的美好生活。

设计意图： 家庭成员每个人都被关照，没有才艺就参与讲述自己的春节故事，回忆自己的青春时光，感受时代发展带来的幸福生活，同时尊敬老人、孝敬父母，让孩子学会尊重与珍惜，也学会理解与关怀。

（四）环节四："我心我写"之新年祝福

（1）拿出准备好的贺卡或者卡片，为家庭成员写祝福。

（2）拿出提前准备好的礼物，与卡片一起送给家庭成员。

设计意图： 世界和我爱着你。无论一年的生活中，有多少沮丧、悲伤或不幸，家庭都是我们心灵得以休憩的港湾。无论外界有多少风吹雨打，无论曾经经历多少沧桑蹉跎，家庭始终有一杯热茶，有一份真心拥抱每一个或快乐或疲惫的心灵。每一个家庭成员都在这里得到关照，每一份挫折与不适在这里得到缓解，每一份快乐与喜悦在这里得到放大，每一个人都能感受来自家庭的关爱、包容与祝福。

五、活动效果与总结

本活动围绕"我爱我家　喜贺新春"做充分的准备，如春节各种装饰、个人才艺的提前准备，以及祝福卡片、礼物的准备等，充分考虑活动的需要，努力实现活动的真正效果。

活动过程中，家庭成员每个人都参与其中，其乐融融。通过合作商讨等确定房间的装饰摆放，一起完成一项任务增加了大家的默契，能初步共享成就感。而才艺展示环节让有才艺、有爱好的家庭成员得以展示自己所学，有一个展现的舞台，既能够增强自信，又能释放自己的优点，让自己的努力被家庭成员看见。对艺术的探讨促进家庭成员提升自己的审美情趣和对艺术的欣赏能力。没有表演的成员也能就自己的爱好与他人进行谈论，促进了成员之间的沟通，有利于和谐友爱的家庭氛围的产生与维系。倾听长辈讲述自己的春节，让孩子学会尊重长辈、孝敬长辈，理解他们生活的年代与时代背景，理解长辈的心情与行为背后的原因，增进对长辈的了解。最后的环节让每个家庭成员真心祝福，受到关照。拆礼物、读祝福的过程充满惊喜与幸福，家庭呈现温馨友爱的氛围，让孩子获得更多家庭的滋养，充满安全感与幸福感。

活动结束后，在整个充满快乐与热闹的新春氛围中，每个人的情绪都得到关照，更利于学生勇敢而自信地追求自己的发展道路。

参考文献：

［1］亚伯拉罕·马斯洛. 动机与人格［M］. 北京：中国青年出版社，2022.

［2］米尔顿. 环境决定论与文化理论［M］. 袁同凯，周建新，译. 北京：民族出版社，2007.

［3］彼得·福纳吉. 依恋理论与精神分析［M］. 石孟磊，译. 北京：世界图书出版公司，2018.

我们的新年，过个文化年

深圳市龙华区华南实验学校 陈虹

一、活动目的

（1）通过亲子互动，让孩子们了解春节的典故和习俗，感受节日的快乐。

（2）通过亲子一起动手操作，锻炼孩子的动手能力、思辨能力、交往能力和表达能力。

（3）以"新年"这一仪式感满满的节日为契机，让孩子有机会表达孝顺之情，更懂团圆之意，让亲子关系更加和谐。

二、理论依据

（1）亲子相互作用模型，不同的教养方式对儿童青少年会产生不同的影响，父母是影响儿童社会化的重要因素，这种影响在亲子陪伴中得到了体现。

（2）亲子影响理论，父母和孩子之间的互动可能会影响孩子一生的选择，影响个体对世界的认知角度和方式。

三、活动准备

（1）物品准备：家庭成员提前准备一个关于春节的游戏内容，并梳理该游戏规则，准备相关游戏材料（如红包、水彩笔等），准备游戏积分表。

（2）宣传造势：通过家长群与家长沟通，强调活动的积极意义，保证家长对此充分配合，并说明后续分享需要收集的资料。

（3）心理准备：家庭成员约定，平等商议活动内容及准则，共同完成活动。

四、活动过程

（一）环节一：宣读新春亲子游戏规则

父母及孩子各自写下对于新春活动的期待和想要完成的内容并给出充足合理的理由。最终家庭成员共同选出本次活动的项目（父母和孩子提议的活动个数比例为1∶1），并由提出的成员安排组织该项活动（见表1）。

表1　新春活动的项目

请写下你最期待的新年活动游戏	
请写下游戏需要准备的材料	
请写下游戏规则	
……	

设计意图：充分尊重孩子的想法，给孩子表达的空间和平台，让孩子体会到被尊重。组织活动的过程，培养孩子的实践能力的同时也让家中充分换位思考，有利于良好家庭教养方式的培养。

（二）环节二：新春亲子活动游戏环节

1. 合理分工

游戏提出者为当场游戏主持人，每个游戏全家共同参与，每个游戏结束，根据游戏规则，在积分表上记分，积分高者，可获得在年夜饭优先点菜权。

2. 正式游戏

游戏1：春节知识趣味竞赛

游戏玩法：家庭成员每人出10道与春节相关的知识问答作为题库。主持人抽签选择题目，家庭成员进行知识竞答，答对者累计积分。

游戏2：新年游戏，汉字红包

游戏玩法：提前准备好打印的汉字卡、红包。熟悉和认识新年四字祝福语，了解汉字字形，根据字形找到对应汉字，并进行正确的汉字配对，将汉字放入红包中封口，例如：抽到红包为"出入平安"，请在汉字卡中迅速找到出入平安4张卡片，用时最少者获得积分。

游戏3：水彩画大比拼

游戏玩法：结合该年份生肖的传统文化寓意、亲子各自设计一幅具有新年意味的水彩画，为家庭的新春祈福，并展示、分享创作的用意，然后进行自评和互评。最佳者获得积分，并将作为家庭优秀作品展示（装裱）在客厅显眼处。

3. 游戏颁奖

通过游戏活动，统计总积分，积分高的家庭成员获得年夜饭优先点菜权。并颁发纪念奖状和奖品。

设计意图：家庭活动也要仪式感满满，让孩子在活动中获得参与的喜悦，感受年味儿，引发孩子对新的一年充满期待和向往。学习传统文化知识的同时又给家庭增添了浓浓的节日氛围，有利于形成温馨融洽的亲子关系。

（三）环节三：合影留念，分享成长

（1）收集每个家庭各个活动环节的精彩瞬间，通过班级群、班级展示牌、班级成长相册、班级黑板报等方式进行分享与宣传。

（2）班级群内组织分享家长和学生亲子活动感悟和收获。

（3）整理制作"我们的新年，过个文化年"亲子访谈纪念册。

设计意图：收集整理，分享成长的喜悦，进一步扩大亲子活动的影响力，给孩子的成长留下美好的回忆。

五、活动效果与总结

本活动首先需要家长和学生有充足的心理准备，新年伊始，孩子在新春佳节拥有和父母共同感受传统文化的机会很难得，向家长和孩子明确亲子活动的意义以及具体实施步骤非常关键，因此在活动的准备阶段，需要告知家长和孩子，提前思考自己最期待的春节游戏并了解游戏规则、准备相应道具，避免游戏环节混乱，影响活动效果。其次，还需要提前准备游戏积分榜，让新春亲子活动充满仪式感，使活动氛围更加温馨。

活动实施阶段，在仪式感的营建上，布景、着装、拍摄装备、活动记录和家庭新春海报都可以使亲子双方更加沉浸在新春游戏环节当中，有利于保证活动的顺利进行。

此次亲子活动不仅让家庭成员互相传递了美好的祝福，更让中华传统文化在新春佳节绽放出更绚丽的色彩。增进了亲子家庭的感情，营造了喜庆、温暖的家庭氛围。但也需要注意以下几点：（1）活动准备时间较长，需要组织者关注活动时间截止点；（2）为了充分尊重每位家庭成员的意愿，每个家庭游戏环节会有差异，在准备阶段，可以提前交流，组织者帮助没有游戏想法的家庭提供可选择的游戏；（3）活动阶段细节众多，需要组织者详细梳理活动细节，帮助家长和学生顺利完成亲子活动。

中秋佳节亲子活动庆团圆

深圳市坪山区中山中学 汪颖

一、活动目的

中秋节是我国的一个重要传统节日，为充分发掘传统节日内涵，弘扬祖国的优秀文化，激发孩子的爱国主义情怀，特在中秋来临之际组织开展"中秋佳节庆团圆"主题活动。促进亲子交流，增进孩子与父母之间的感情，体验节日的快乐。引导孩子感受、体验劳动与分享的乐趣。

二、理论依据

从社会心理学角度来看，仪式可以让个人有归属感，可以确认个人身份标签和集体标签的匹配与认同。从个体心理学角度来看，仪式可以让个人生命划分出一个个有特殊意义的节点，在漫长的生命时光中赋予事件以特殊的意义。

（1）开展中华优秀传统文化教育，既要注重营造庄重的仪式感，让青少年理解中华传统文化的仪式魅力，同时也要注意与学校生活相结合，注重文化的亲和力和趣味性，在潜移默化中推进学生对中华传统文化的内在认同。

（2）注重仪式感的目的是增强影响力，使仪式成为校园文化的特色。

（3）注重生活性的目的在于强调中华优秀传统文化教育融入青少

年生活，通过长期熏陶实现育人效果。

三、活动准备

（1）准备《唐诗三百首》《宋词三百首》、黑色中性笔、笔记本、心形彩色便利贴等。

（2）制作月饼需要的工具：月饼模子、烤箱、面粉、鸡蛋、红豆沙、莲蓉、咸蛋黄。

（3）了解故乡的中秋节风俗仪式，这里以比较典型的广东潮汕地区的"拜月娘"为例。

四、活动过程

（一）环节一：中秋颂月亮

1. "但愿人长久，千里共婵娟"——给学生讲述关于中秋节的来历

中秋节普及于汉代，汉代是我国南北各地经济文化交流融合的重要时期，各地文化上的交流使节俗逐渐融合传播。"中秋"一词现存文字记载最早见于汉代文献，《周礼》中说，先秦时期已有"中秋夜迎寒""中秋献良裘""秋分夕月（拜月）"的活动。人们描绘中秋节的诗词歌赋很多，中秋夜，亲子们可以通过收集、朗诵这些佳句表达中秋之夜的思乡情怀。

2. 倡议每位同学节日期间做到"家圆"——和爸妈家人一起共进中秋晚餐

3. "人圆"——给在无法团聚的远方的亲人发一条节日祝福短信

中秋团圆夜，仍有许多人因为工作奋战在各自岗位上，不能和家人团聚，家中亲人也惦记着远在他乡的游子。一条中秋佳节祝福语，寄予着对花好月圆的美好期盼，映衬着温情和美的团圆时刻。

4. "国圆"——为祖国的繁荣富强、早日统一立下壮志

我们有幸生活在这样一个兴旺和平的时代里，在这个祥和美好的节日来临之际，我更想对大家说：请珍惜家人和师长对我们的爱，珍惜我们的同学情，珍惜我们拥有的幸福生活吧！让我们为亲人更加幸福，祖国早日实现统一大业、祖国母亲更加富强而努力学习、奋力拼搏吧！

设计意图：本环节意在让学生主动了解中秋节习俗，从个人的小家庭到祖国大家庭，人圆、国圆帮助学生树立家国情怀。

（二）环节二：中秋做月饼

中秋节赏月和吃月饼是中国各地过中秋节的必备习俗，俗话说"八月十五月正圆，中秋月饼香又甜"。家长们简单介绍了制作月饼的方法，并现场演示了制作过程。在家长的引导下，孩子们动手和面、擀皮、包馅、揉团、印模，体验月饼制作的乐趣，并品尝劳动果实，分享成功快乐。品尝着自己亲手制作的月饼，感受深厚的中秋文化底蕴。

设计意图："自己动手丰衣足食"，通过自己动手参与月饼制作，感受古人的智慧、亲手做的月饼比从市面上买的月饼吃起来更香、更有味道。

（三）环节三：中秋拜月亮

拿出潮汕地区"拜月娘"的道具，和爸妈一起"拜月娘"，难得有和月娘直接对话的机会，许下自己的愿望与祝福（见图1）。

设计意图："拥有仪式感，是在提醒我们，在庸常琐碎的日子里，我们一如既往热爱生活。"感受潮汕地区"拜月娘"习俗，让生活有所期待、有所依托。

图1　中秋拜月的案台

五、活动效果与总结

以前学生吃的月饼都是在外面购买的，这一次能吃上自己亲手做的月饼，这月饼吃起来特别香、特别好吃。活动给予孩子和家长共同相处的时间，学生与家长之间交流多了，心也更近了。

通过本次活动，孩子们不仅了解了中秋节的起源与节日风俗，对于引导学生认知传统、尊重传统、弘扬传统文化也有着重要的意义。

"中秋佳节庆团圆"家庭亲子活动有利于增进家长和孩子之间的情感交流。古希腊某位哲人曾说过，感情是由交流堆积而成的。任何一种感情的升华都有赖于交流。

整个系列活动虽紧凑但是充实有意义，相信通过这次活动我们的学生对于"民族、文化、节日"会有他们自己更好、更透彻的诠释。不足在于对中秋文化了解甚少，活动只停留在形式，少了参与学生的反思，要是能写写活动感悟效果会更好！

参考文献：

［1］景旦丹.追寻传统文化 传承中华美德——综合实践活动"走进中秋"的实践与思考［J］.新课程学习（上）.2013（5）：54～55.

［2］齐学红，袁子意.班会课的设计与实施［M］.上海：华东师范大学出版社，2013.

［3］慎立莉.项目课程中年级组课程审议的策略研究——以家园共融"亲子迎中秋"为例［J］.基础教育·幼儿100（教师版），2020（7）：63～67.

［4］李一慢.创意中秋·亲子篇［J］.家庭育儿，2007（9）：14～16.

比一比谁吹的纸团最远

深圳市坪山区同心外国语学校　王曼

一、活动目的

（1）通过活动计划制订，锻炼孩子独立规划能力并建立基本的合作意识。

（2）通过亲子一起动手捏纸团，锻炼孩子的动手能力和表达能力。

（3）通过亲子互动，让孩子体验家庭活动合作的快乐。

二、理论依据

（1）亲子关系理论，亲子关系是人生来形成的第一个人际关系，亲子关系质量对一个人的行为、社会适应乃至人格等方面具有重要的影响。好的亲子关系是有效陪伴，即互动陪伴的10分钟或者半小时，远大于无互动陪伴的半天或者一天。

（2）亲子影响理论，父母和孩子之间的互动可能会影响孩子一生的选择，影响个体对世界的认知角度和方式。

三、活动准备

一张够宽的桌子、各种颜色的纸团、卷尺、抽签纸、大人喜欢的奖品和孩子喜欢的奖品等。

四、活动过程

（一）环节一：确定规则

全家讨论好活动规则，并向组员说清楚活动规则以及要点。

（见表1）

表1 家庭活动项目

项目	负责人	备注
捏纸团	全部家庭成员	
测距离、记录	爸爸	
抽签纸	妈妈	
奖品挑选	全部家庭成员	
购买奖品	爷爷奶奶	
其他		

设计意图：参加活动的人员一起讨论活动中会遇见的问题，活动规则，人员抽签排序，记录员，让活动井然有序进行。

（二）环节二：抽签排序

事先准备好抽签序号，捏成纸团，先长辈抽签，最后再让孩子抽。

设计意图：抽签环节保证活动有序进行，培养孩子讲秩序、遵守规则的习惯。先长辈抽签，引导孩子从小尊敬老人，有礼貌。

（三）环节三：在活动中增强亲子关系

1. 按照抽签顺序排队吹纸团，关注每个人吹纸团的远近距离

每个人有三次吹纸团的机会，每吹一次，记录员测量一次距离，并记录下来，最后求三次吹纸团的距离平均值。

一次吹纸团的距离有可能会出现误差，三次吹纸团后求距离平均值，这样每个人都公平公正，在过程中引导孩子学习物理知识"多次试验减小误差"，并在活动中引导孩子学习相关数学知识。

2. 算一算吹纸团的距离，比一比谁吹得更远

通过比赛结果，大家在透明、公平、公正的条件下，人人都是评判员，从距离的平均值中找出吹纸团距离远近的排序，在评比中培养孩子与家长合作交流讨论的习惯。

3. 根据吹纸团远近的距离进行奖励

为了活跃活动氛围，激发参与者的积极性，也为下次活动举行得更为积极有效，本次比赛人人有奖品，但各有不同。

（四）活动注意事项

（1）根据人员的年龄不同，纸团的大小不同。

（2）此次活动也可以用于各年龄阶段的孩子进行亲子游戏。年龄较大的孩子可以改为吹气球或者更适合的道具。

（3）奖品先提前根据每个人的喜好不同购买。

五、活动总结

通过这次亲子活动，让父母深刻体会到亲子关系的重要性，父母在与孩子的比赛中是平等、公平的，这样降低父母对待子女长辈意识——你是孩子，你就得听我的。

另外，本次亲子活动我们体会如下：

（1）本次活动有利于增进家长和孩子之间的情感交流。古希腊某位哲人曾说过：感情是由交流堆积而成的。任何一种感情的升华都有赖于交流。血浓于水，亲子之情虽是与生俱来，但由于现代社会竞争的日趋激烈，我们年轻的父母大多把精力用在工作及不断学习、提高上。曾几何时亲子间的接触不再像往日般频繁，与孩子共同游戏的时间更是明显减少。找闲暇时光陪孩子一起做游戏，它会让孩子更爱父母，也会让父母那颗因工作而疲劳的心得到片刻的安宁，享受真正的天伦之乐。

（2）本次亲子活动有利于孩子身心的健康成长。现代健康理念已将健康的概念拓宽到生理、心理及社会适应能力三方面，而亲子活动寓教于乐，寓知识于游戏中，同时开发孩子的智力，提高其动手能力、反应力、创造力，使孩子能在德、智、体、美、劳各方面得到全面发展。

（3）亲子活动还有利于激发孩子的内在潜能。

中 篇

亲子沟通类

校内沟通类

学会换位思考，架起亲子沟通的心桥

深圳市坪山区外国语文源学校　张珊珊

一、活动目的

（1）搭建亲子间平等的沟通交流平台，促进相互理解，建立良好的亲子关系。

（2）锻炼孩子换位思考的能力，能设身处地理解他人的难言之隐或苦衷。

（3）增进家长对孩子的理解，学会换位思考，从孩子的视角去理解孩子成长中的烦恼。

二、理论依据

（1）换位思考能力是指人们推断别人内部心理活动的能力，即能设身处地理解他人的思想、愿望、情感等。其本质特征在于去自我中心化，能够站在他人的角度看待问题。

（2）"共情"是一种体验别人内心世界的能力。凭借这种能力一个人得以了解另一个人的内心体验或得以感知另一个人的情感。两种能力都是人与人之间平等沟通的必要能力，更是孩子心智成熟的重要标志。

三、活动准备

（1）活动对象：爸爸妈妈和孩子（建议穿着休闲的服饰）。

（2）活动条件：空旷的室内（搬出桌椅的教室）。

（3）物品准备：每个家庭各需要一块稍大的毯子，能够容纳全家人，毯子的宽度不要超过大人双臂展开长度；空椅子数张。

（4）事前叮咛：宣讲活动的意义；亲子双方须全身心投入，营造正式的氛围，严格按活动要求行事，不做违和"出戏"的言行；手机等电子设备须关机或设置为静音。

四、活动过程

（一）环节一：纤夫拉船

（1）在地上铺一块毯子，代表小船，一人在小船前面做纤夫，拉动小船前进，其他人作为乘客站在小船上。

（2）小船最初停靠在起始线外，船上乘客共同跳起配合纤夫拉动小船到达对岸终点线。规则是船上乘客不许接触除小船外的任何物体（家人之间彼此可以相互接触），如果有违规，就要重新开始。

（3）船上没有纤绳，纤夫不能面朝前拉，只能面朝小船，蹲下身子或深度弯腰，两手拉住毯子前沿，在家人的跳跃配合下，倒退着拉动小船前进。全家人相互配合，由纤夫慢慢拉小船，到达对岸。

（4）到达对岸后，交换角色，由另外一个人扮演纤夫拉动小船，再返回起始线，直到全家所有人都成功扮演一次纤夫。

（5）游戏结束后，全家人坐在一起，讨论游戏感受。

设计意图：受限于年龄与经历，亲子之间常常很难做到换位思考，

容易站在自己的角度去评判对方的对与错，难以做到设身处地去理解他人的难处与苦衷，导致亲子之间缺乏同理心乃至频频发生矛盾。

"纤夫拉船"活动考验的是亲子之间的配合与互动，"纤夫"能否顺利拉动"小船"，取决于船上的"乘客"能否有节奏地双脚一起跳跃，"纤夫"才能利用这样一个短暂的机会，拉动"小船"一点一点地前进。假如"纤夫"与"乘客"之间不能默契配合和有效沟通，"小船"将举步维艰。通过游戏中"纤夫"与"乘客"两种角色的互换，加上主持人的适当引导和全家人温和真诚的讨论，孩子和家长逐渐意识到换位思考的重要性，体验到不同的角色都有它不为人知的难处和不易；站在自己的角度去抱怨和责怪他人是没有任何意义的，不会对事情的发展起到推动作用。尝试换位思考，体会他人的难处，才能促进亲子之间的相互配合，架起亲子沟通的心桥。

（二）环节二：交换真心话

（1）在教室内摆放几组面对面的2把空椅子，爸爸或妈妈和孩子先坐到一把椅子上面，扮演自己站在自己的立场上说话；然后再坐到对面另一把椅子上面，扮演对方，站在对方角度上说出内心想法。交替坐到两把椅子上，把对对方的感觉、看法、评价、意见面朝对方尽情地说出来。

（2）然后让孩子坐到爸爸或妈妈的椅子上，尝试站在父母的角度，去理解父母对自己的付出和期望；如此循环，直到孩子和家长的情绪都得到释放，对对方有了更深的理解和认同。

（3）活动开始后，可在室内播放舒缓的轻音乐，让家长静下心来认真倾听孩子的心声，孩子向父母说出平时想说但又没有机会说的话，比如，父母对自己的学习要求过于严苛，导致每次考试心情紧张，过度焦虑，未能正常发挥水平等。

设计意图：在交换真心话活动中，需要做出改变的不应该仅仅是孩子，作为父母，更应该给孩子做出一个正确的榜样和导向。很多时候，我们容易掉进自己的思维圈子里，认为自己做的都是对孩子有利的，为什么孩子就不能理解呢？对于孩子，我们真的做到了换位思考吗？真的完全理解他们内心的焦虑和恐惧了吗？

换位思考能带来理解和支持，如果能提供一个相互倾诉的窗口，让孩子和父母静下心来安安静静地听对方诉说，能把对对方的意见、看法和评价都表达出来，有利于父母和孩子放下积怨，各自的负面情绪得到释放。

换一把椅子坐下，尝试站在对方的角度说出内心想法，能帮助家长和孩子实现思维视角的转换，不再仅仅只关注自己的心情和感受，有利于增进亲子间的沟通和理解，重新唤醒爱，让爱化解亲子间的矛盾。

（三）环节三：表彰与强化

（1）对此次活动中全情投入的家庭给予肯定与鼓励，分别颁发"最具魅力的摆渡家庭""最具创意的摆渡家庭""温情友爱的知心小家""活力四射的知心小家"等荣誉称号给所有家庭。

（2）事后，在班级后墙粘贴此次活动的学生、家长感言以及活动照片进行宣传，以强化学生对此次活动的感受与认可。

设计意图：表彰与宣传，让活动的正面影响力更加突出、更加持久。

五、活动效果与总结

本节以"学会换位思考、架起亲子沟通的心桥"为主题的亲子活动方案共有两个体验式的活动环节，活动一是游戏体验，需要孩子与家长的共同努力完成纤夫拉船的任务，通过不同角色的扮演，使亲子双方体会对方的难处与不易，只有一家人多沟通、共合作、团结一致才能战胜困难，取得胜利；活动二是交换真心话，通过交换椅子的形式让孩子和家长能尽情地说出自己内心的真实想法，训练孩子和家长尝试站在对方的角度去理解对方的难处和苦衷，学会相互理解、支持和信任，共同建立良好的亲子关系和营造和谐的家庭氛围。

跟烦恼说Bye bye

深圳市坪山区中山中学　任亚楠

一、活动目的

（1）明白每个人成长过程中都有自己的烦恼，烦恼是不可避免的。

（2）搭建家庭亲子沟通的平台，增加家庭亲子成员之间的亲密和谐度。

（3）学会共情，掌握处理生活中烦恼的小技巧并学会在生活中践行。

二、理论依据

（1）成长思维：每个人成长的路上都会有或多或少的烦恼，成长的过程中需要学会认识、接纳并完善自己，而认识自己又包含了底层心性、心理活动和外在表现三个方面。

（2）情绪ABC理论：A指的是发生的事情，B指看待这件事情的想法或信念，C指产生的情绪、行为或后果，因此我们只需改变B就可以改变C。

（3）萨提亚的冰山理论：萨提亚认为人能被看到的情绪或行为就像冰山一样只是表面很少的一部分，而更大的一部分则隐藏在更深处，我们不仅要通过行为层面的方法去解决问题，更要觉察行为和情绪背后深层的心理需求和成因。

三、活动准备

（1）心态准备：活动前家庭成员均需做好分享自己烦恼的准备，有助于合作解决问题。

（2）物资准备：纸笔或其他可以用于记录的电子工具均可。

（3）录像工具：电子录像设备记录下家庭成员共同分享的精彩瞬间。

（4）宣传准备：活动前在班级群和家长群发出活动邀请函，提前造势。

四、活动过程

（一）环节一：烦恼连连看

（1）教师准备PPT讲解第一部分，帮助父母和孩子明确每个人在成长的过程中都是有烦恼的，只是由于个人性格特点和成长阶段的不同所面临的烦恼会各有不同。

（2）教师准备PPT讲解第二部分，帮助父母和孩子了解不同成长阶段的困惑，明白自己的某些烦恼属于正常现象。

（3）教师播放温馨的音乐，引导父母和孩子结合表1所示的烦恼列项表分别列举自己近段时间所遇到的令自己比较困惑或令自己比较烦恼的事。

（4）教师引导父母和孩子将彼此的困惑和烦恼进行互换，进一步了解彼此的烦恼。

（5）父母和孩子谈互换烦恼后的感受，教师做好记录和引导（见表1）。

表1　烦恼列项

烦恼主角	困惑分类	主要表现	持续时间
孩子	学习		
	生活		
	人际交往		
	其他		
父母	学习		
	生活		
	人际交往		
	其他		

设计意图：搭建父母和孩子敞开心扉沟通的桥梁，打通成长中困惑或烦恼这一共性问题。

（二）环节二：烦恼寻寻因

（1）教师引导父母和孩子先结合生活经验各自寻找产生烦恼的原因。

（2）教师准备课件结合萨提亚冰山理论和其他相关理论帮助父母和孩子了解烦恼背后的真正需求。

> 萨提亚冰山理论：
>
> 萨提亚是美国一位十分著名的心理治疗大师。她研究了人类的行为和其原生家庭之间的千丝万缕的联系，并用了一个非常形象的隐喻来形容一个人的行为，她指出一个人的行为就像漂浮在海面上的一座巨型冰山，能被他人所看到的外在行为只是海面上很小的一部分，在海面之下的更大的冰山，才是我们长久没有发现的人们的内在。透过内在，我们才能找到真正的自我。

（3）教师引导父母和孩子交换烦恼列项并帮忙寻找对方烦恼的原

因，给出让对方可以接受的合理解释。

（4）教师引导父母和孩子对结果进行记录汇总并继续充实表格（见表2）。

表2　烦恼寻因表格

烦恼主角	困惑分类	主要表现	持续时间	烦恼原因
孩子	学习			
	生活			
	人际交往			
	其他			
父母	学习			
	生活			
	人际交往			
	其他			

设计意图：了解烦恼背后的相关需求，便于进一步解决烦恼，同时站在对方角度共情并理解双方的所作所为。

（三）环节三：烦恼消消乐

（1）教师引导父母和孩子在知晓烦恼背后的真正原因后对自己的烦恼进行形象画像。

（2）父母和孩子互换烦恼画像并谈谈对画像的感受。

（3）教师引导父母和孩子结合情绪管理ABC理论进行烦恼画像的剖析和解决。

情绪ABC理论：

情绪ABC理论是由美国心理学家埃利斯创建的，认为激发事件A（activating event 的第一个英文字母）只是引发情绪和行为后

果C（consequence的第一个英文字母）的间接原因，而引起C的直接原因则是个体对激发事件A的认知和评价而产生的信念B（belief的第一个英文字母），即人的消极情绪和行为障碍结果（C），不是由于某一激发事件（A）直接引发的，而是由于经受这一事件的个体对它不正确的认知和评价所产生的错误信念（B）所直接引起的。错误信念也称非理性信念。正是由于人们常有的一些不合理的信念才使我们产生了情绪困扰。

（4）教师引导父母和孩子双方交换烦恼，进一步帮助对方解决烦恼。

（5）教师引导父母和孩子将烦恼解决对策进行记录和完善。

（6）教师做好活动最后家庭活动的剪影和合影，并制作成班级亲子活动相册进行全班分享。

设计意图：进行活动总结和思想升华，并凝聚为最终成果，为后续相关烦恼的解决提供可借鉴依据。

五、活动效果与总结

本次活动的准备工作略微简单，重点在于教师需要做好活动的各方面引导和准备，在班级群和家长群发送邀请函的过程中尽量创造轻松愉悦的氛围，帮助父母和孩子放下戒心，敞开心扉。

本次活动以孩子们在成长中遇到的困惑或烦恼为主题，共设置了三个环节：第一环节为"烦恼连连看"，在这一环节当中父母和孩子都需敞开心扉述说自己遇到的烦恼和孩子产生情感联结；第二环节为"烦恼寻寻因"，每一段成长中的烦恼都有其内在的原因存在，教师引导家庭主要成员一起合作找到各自烦恼的原因达到情感的共鸣；第三环节为"烦恼消消乐"，有烦恼就要去解决，在本环节当中家庭成员继续结合教师给出的理论和对策一起解决自己当下面临的各种烦恼，最终消除烦恼，达到情感的升华。

　　整个活动从烦恼的回忆到烦恼的寻因，再到烦恼的解决，三个环节之间环环相扣，每个环节都需要父母和孩子进行心灵的敞开沟通方能产生情感上的共鸣，也才能顺利进行各个环节的过渡，真正实现活动的真实目的。

　　本次活动的注意事项：（1）本次活动属于情感沟通，如若父母和孩子当下正处于矛盾纠葛期，可暂缓此项活动的开展；（2）每个环节都需要有理论的支撑，所以活动进行前需注意资料的充分准备和预设。

角色互换促成长　亲子和谐助理解

深圳市南山区第二外国语学校（集团）大磡小学　王娜

一、活动目的

（1）在角色互换活动中，父母和孩子都变成了对方的"镜子"，会在不知不觉中模仿对方的言行。亲子双方可以从对方的语言和行动中看到自己的影子，从而促进反思提升，和谐亲子关系。

（2）通过角色互换，亲子双方尝试从对方的视角看问题，以期增进理解，对于做得不到位或者有问题的地方，可以及时地去反思修正。

（3）通过言传身教、耳濡目染，增强父母对孩子的精神培育。

二、理论依据

（1）个体必须通过学习或社会化的过程来获取角色，并在扮演不同角色的过程中体会到快乐和悲伤。

（2）亲子关系对孩子的身心发展和价值观的培养具有很重要的影响，良好的亲子关系也是家庭教育顺利开展的基础，父母的言传身教胜过千百次的说教。

（3）换位思考是人与人交往的心理体验过程，人与人要达成理解，将心比心，设身处地是重要的心理机制。换位思考，在客观上要求我们站在对方的立场体会和思考问题，从而与对方在情感上进行有效沟通，为增进理解奠定基础。而亲子互换角色活动，可以实现亲子之间互相切换视角，改变站位，理解对方的不易。

三、活动准备

（1）提前教会孩子家中的电器、天然气灶的使用方法，确保活动过程的安全。

（2）提前准备好一定量的现金以供孩子购买食材和日用品。

（3）提前让孩子用心观察爸爸妈妈周末一天的活动，做到胸中有数。

（4）最好选在周末，家里人都处于休闲的状态。

（5）事先确定好是扮演父亲的角色还是母亲的角色，选定后，剩下的那位家长就要负责这一天的拍摄和视频录制，留下精彩珍贵的瞬间。

四、活动过程

（一）环节一：互换角色，体验生活

早晨，闹钟响起，"父母"迅速起床梳洗，着手准备一家人的早餐，并且耐心地叫醒还在赖床的"孩子"，督促孩子快点起床洗漱，吃早餐。

早餐后，"父母"叮嘱"孩子"进书房，开始完成学校布置的各科作业（包含手写、背诵作业），自己则开始收拾厨房、洗衣服、扫地、拖地、擦拭家里的家电和家具。

根据早餐时跟孩子商议的中午和晚上想吃的食物，列出购物清单，去离家比较近的市场或者超市购买新鲜食材。购物归家后，开始着手处理食材，如果不太擅长或者不懂，可以寻求各种App：下厨房、小红书等帮忙。

千辛万苦准备好午餐，叫"孩子"出来吃午餐，吃饭期间：可以询问下上午的学习情况，是否有需要帮助的地方，作业完成的进度如

何。"父母"可以用之前每次听到的一些说教内容跟"孩子"沟通。面对"孩子"的各种不耐烦、不领情，"父母"要尝试忍让。另外，"孩子"可能会挑剔今天的午餐做得不合胃口，"父母"需选择重做，或者采取其他补救措施。

午餐结束，全家可以一起进入午休时间。

午休结束，"孩子"在闹铃的催促下起床。下午"父母"要抽空陪孩子写作业，并提醒孩子的坐姿和书写习惯。"父母"在陪伴的过程中，可以着手处理自己手头的事情，做到互不打扰。如果"孩子"有需要"父母"协助配合的作业，要随时都在，提醒"孩子"合理安排好时间，按照约定，最好能够在晚餐前完成所有作业。

晚餐时间，"父母"要及时准备好晚餐，注意营养搭配。温馨的晚餐时光，"父母"跟"孩子"沟通一天的学习情况，以及询问是否做好了下周要学的新知识的预习。

晚餐后，"父母"接着做清洁，收拾沙发和厨房。

设计意图：通过一天的亲子角色互换体验，让父母和孩子都沉浸式体验对方的生活，体验不同角色所要承担的责任，感悟对方的不易，学会换位思考，为增进相互理解奠定基础。

（二）环节二：闲庭散步，享受时光

家人一起于星光下在小区散步，休闲消食，随意地聊天消遣，亲子享受难得的周末平静祥和时光。

设计意图：繁忙的一天接近尾声，而亲子在星光下散步，除了可以感悟夜晚的宁静祥和，也可以回顾今天一天的生活，回归自己的本心，用心体悟。

（三）环节三：体验分享，交流感悟

父母和孩子分别写下这一天的互换体验感悟，并进行分享。

设计意图：爱要大声说出来，同样地，感恩与感慨也要告诉对方，让他们知道，做到心意的互通，才能让心与心的距离更近，提升亲子沟通的质量。

（四）环节四：记录真切体验，留存青春印记

父母和孩子把自己互换身份的体验写成文章，分享在班级博客或者班级公众号，或者分享在自己的博客，为美好的亲子时光印记留痕。

设计意图：通过真实体验的记录，再次回味一天的体验感悟，梳理自己最真切的情感。图文的创编，也可以让美好的亲子时光，变得温馨可感。

五、活动效果与总结

通过此次活动，父母和孩子都置身于对方的角色，感受对方的生活日常，孩子理解了父母的家庭责任以及父母的不容易。父母也感受到了孩子高强度学习生活的枯燥不易，从而实现了心理换位思考。孩子进一步了解到了父母做某些行为背后的良苦用心，父母也了解到了孩子内心的真实渴望。了解才能理解，换位促成交心，对方的行为如同"镜子"，亲子双方可以借此机会，了解对方的不容易，也更容易在相处中反思，并在今后的生活中，尝试改善亲子相处模式。精神上的培育比富足的物质更能温暖孩子的心，而父母给予孩子的肯定和信任是促使孩子身心健康发展的关键。通过此次活动，我们也明白了，言传身教、耳濡目染地去感染孩子比大量的语言教导更实用。

纸上谈心，互诉深情

深圳市坪山区中山中学 陈克娜

一、活动目的

（1）促进亲子间的相互理解，加强沟通与交流，从而建立更加友好和谐的亲子关系。

（2）"书信"形式的沟通，让语言难以表达的情感，借助文字真实表达，有利于亲子间情感的升华。

（3）通过感恩班会教育，拉近亲子间的心理互动，加深亲子情感，为构建寒假期间和谐的亲子关系做铺垫。

二、理论依据

（1）马斯洛需要层次论：良好的亲子关系对于青少年的安全需求、爱和归属感的获得有着重要作用，积极的沟通有利于亲子之间形成良好的交往方式。

（2）亲子沟通资源交换理论认为，沟通类似于资源交换，家庭沟通就是家庭成员交换情感、思想等资源。该理论应用于亲子沟通，则表现为父母的亲子沟通方式不同，子女的发展方式也不同。

三、活动准备

（1）问卷评估：以调查问卷的形式了解家长与孩子沟通的方式与

频率，以及父母眼中亲子关系的亲密程度等。

（2）活动道具：信封、信纸、红笔、小礼物。

（3）宣传鼓励：活动邀请函与倡议书的设计与撰写，宣传活动的目的与意义，鼓励每一位家长都参与。

四、活动过程

（一）环节一：孩子给父母的一封信

布置作业：寒假期末考试结束，班主任给学生布置一份书信作业：给父母写一封信。作业非口头形式布置，而是以小纸条形式下发，让学生更加重视。

书信建议：小纸条上写明信的主题、字数要求、内容举例等，让学生有思路可寻，也可以发挥想象写自己想写的内容。同时，教师发给学生每人一张精美的信纸和一个信封，让学生将写好的信装进信封并封好，同时鼓励学生在信封封面进行个性化设计和创作。

收集保存：教师收集整理好学生给父母写的信，先保存在自己那里，并对家长保密，为接下来的活动做铺垫。

设计意图：很多即将进入青春期的孩子，不愿与父母沟通。班主任作为纽带，让孩子通过书信的方式表达对父母想说的话，避免当面聊的尴尬与争吵，孩子能真实地吐露感情，家长也能从信中感受孩子的感情，反思自己的教育行为和方法，增加亲子间的了解与理解，有利于日后更好地沟通交流。

（二）环节二：家长给孩子的告白信

布置作业：考虑到家长工作忙，或因未看到群通知等不能及时将信发给班主任，班主任给学生布置书信作业的前几天，就在家长群内发通知，让家长给孩子写一封告白信。

书信建议：给家长的倡议书具体说明写信的目的、要求与格式等，重点提醒家长不要在信中提到"好好学习"之类的语句，可给出书信模板，并要求家长先对孩子保密。图1和图2为具体通知与示例。

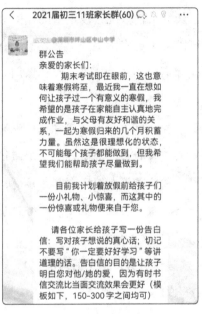

图1 班主任给家长发的活动倡议通知

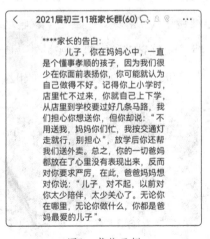

图2 书信示例

跟进收集：孩子写信是教师在校安排并监督的，基本能做到人人都写，但家长是否都能给孩子写信，是个未知数，所以为了让每个孩子在活动时都能收到来自父母的信，也避免有些孩子因没有收到信而尴尬或失望，教师要跟进家长的书信情况，以最快的速度收齐。如果有些家长表示不会写，教师可以给予更多示例和指导。鉴于有些家长的文化水平有限，写出的语句或许不通顺，教师可以对其稍加润色和修改，使其更有感染力。

设计意图：家长以告白信的形式将想对孩子说的话表达出来，没有平日里为了学习的絮絮叨叨和大呼小叫，而多是回忆里的点滴体现出的对孩子的赞美和鼓励，会让孩子在心理上容易接受，也因此动情。本环节意在给家长提供一个与孩子沟通的机会，也给孩子一个理解家长的机会，增加亲子情感。

（三）环节三：寒假动员会，亲子面对面

1. 组织家长读孩子的信

孩子给父母的信，以及父母写给孩子的告白信，将被用在寒假动员大会上。寒假动员大会前，班主任将收集的家长告白信打印并裁剪，装进送给学生的新年红包里（见图3）。因此，寒假动员大会，班主任邀请家长一起参加，但家长首先被秘密集合在另外一间教室中，先阅读孩子给自己写的信，等待班级活动的最佳时机才被组织进入教室。

图3　装有告白信的学生新年红包等礼物

2. 组织学生读家长的信

寒假动员大会中设计一个环节，班主任让学生打开给他们发的红包，并拿出告白信阅读。教师邀请两个泪点较低的同学分享自己的信，学生读着读着就哽咽了，其他同学受该同学的感染，读着信低头沉思，教师趁机对学生进行感恩与理解教育，并让学生互相分享自己读信后的感触。

3. 亲子面对面

与此同时，班主任秘密给家委发消息，让家委组织家长们进入教室，学生会惊奇地发现突然站在他们面前的父母。因为刚刚进行了书信阅读和分享，学生的感触会比较深。利用此机会，班主任组织家长和孩子的面对面交流活动，以及进行深情的拥抱等，增进亲子间的情感交流。

设计意图：寒假动员大会不仅是为了给学生的寒假学习做动员，也是为了假期中父母和孩子能有良好的亲子关系。有了前几个环节中的"纸上谈心"，该环节将亲子活动推向高潮。亲子间因为有了书信的交流和反思，再加上面对面的交流，更能增加亲子间的理解与情感。

五、活动效果与总结

现代社会，很多父母和孩子的沟通存在隔阂，面对孩子的学业压力，父母比孩子更加着急其学习成绩，也就导致了很多亲子矛盾或者互不理解的关系。通过在合适的时机彼此给对方写信的方式，让亲子"纸上谈心"，在一定程度上缓解了亲子间的矛盾。

教师在该活动中作为情感的纽带，提前做好问卷调查、活动道具准备以及对家长的鼓励宣传等操作，保证了活动能够顺利开展且有效。为了将此活动的亲子情感达到高潮，教师在细节上的设计必不可少，比如学生写信不是自己找张纸随便写几句，而是统一精美信纸与信封，增强了活动的仪式感；教师倡议家长写给孩子告白信时，给予说明与书信示例并耐心指导不知如何下笔的家长，让家长感受到教师举办此活动的良苦用心，也能更加配合班级工作。有了书信做基础，亲子面对面的沟通与交流也就更有效。"纸上谈心"，让亲子感情更进一步，也为构建和谐的假期亲子关系增添了一剂良药。

参考文献：

[1] 陈凌. 感知父母心，沟通有锦囊——初中生亲子沟通心理活动课设计 [J]. 中小学心理健康教育，2023（4）：41~45.

[2] 刘玉红. 资源交换理论与园校合作研究 [J]. 通化师范学院学报，2015，36（5）：141~145.

重现当年的照片

深圳市坪山区同心外国语学校　雷宇飞

一、活动目的

1. 亲子沟通

今昔对比，通过挑选过去的照片，让一家人一起回顾生活的点点滴滴，听听父母讲当年的故事，创造亲子沟通的机会，增进学生对家长的理解。

2. 情感联结

再重新拍摄复原当年的照片，给亲子生活增添乐趣，建立亲子之间的沟通桥梁，让学生和家长感受成长的乐趣，同时也体会成长带来的改变。

3. 创造美好

通过新照片的拍摄，帮助学生创造新的家庭美好回忆，帮助青少年感受父母的理解和关爱，缓解这一时期的亲子矛盾。

二、理论依据

1. 麦克马斯特的家庭功能理论

沟通是家庭成员间解决问题的重要途径，通过充分的亲子沟通，能够有效地解决家庭冲突。

2. 家庭沟通图式理论

家庭成员间的沟通方式和风格会影响家庭氛围，亲子活动可以帮助增进父母和孩子之间的沟通，提升成员彼此之间的信任感，建立良好的家庭沟通氛围。

三、活动准备

1. 照片选择

让学生与家长一起选择一张学生童年照和现在的照片，一张父母成家前的照片和现在的照片，一张孩子童年时和父母拍摄的合照，并让家长给学生讲解照片情景和照片的意义。

2. 资料收集

教师收集好每个家庭的5张照片并相应地做好整理和标记，并提前将照片打印好。

3. 视频制作

教师将照片按照家庭制作成精美的回忆视频。

4. 现场准备

班级统一布置照片墙和拍照背景墙，并制作邀请函，准备活动需要的纸张和笔等基本材料。

四、活动过程

（一）环节一：回忆曾经

邀请学生父母到校和孩子们共同参加活动，将父母发出来的家庭合照合成后展示在电教平台上，按照学生小组将家庭进行分组，由学生在组内互相介绍与父母合照的情景以及合照背后的故事，共同回忆一下当时的美好记忆。几个家庭共同分享美好的回忆，增进家庭情感的同时，也促进学生的相互了解。

设计意图：通过对美好事件的回忆，将孩子与父母共同带回当年的美好，拉近父母与孩子之间的距离，提升家庭幸福感。同时小组分享能够创造一个温馨有趣的场景，让学生也能增进对彼此的理解，增强班级凝聚力。

（二）环节二：曾经与现在

学生和家长一同观看教师收集的学生和家长至少五年前和现在的照片制作的对比视频，播放完视频后让孩子和父母先交流1分钟，然后互相真诚对视1分钟，仔细观察时间流逝给对方带来的变化，并在纸上写下自己发现对方的三个变化，写好后进行交换阅读。

设计意图：通过教师讲解奠定情感基调，预设活动情景，引起情感的共鸣，激发家长和学生对时间流逝的感叹。再通过教师制作的孩子和父母成长的对比视频，让学生和家长在回忆过去的同时更加感同身受，引发对时光的怀念和对过去的时间的珍惜。

（三）环节三：重现当年

接下来大家可以在照片墙上找到自己的家庭合照，并在布置的背景板下共同还原当年的照片，包括动作、表情等，并用拍立得进行留影纪念。最后拍摄亲子活动大合照，并邀请家长填写对活动的意见和建议，做活动反思。

设计意图：营造有趣的氛围，给每一个家庭留下一个新的美好的记忆。

五、活动总结

青春期的孩子们自主意识越来越明显，与父母之间的沟通可能会遇到各种各样的问题，如沟通方式不恰当、话题不一致等，这个时候如果选择轻松有趣的话题沟通会更容易进行，也更有利于增进家庭成员之间的彼此了解，提升家庭亲密度，营造和谐的家庭氛围。而照片中承载的记忆往往都是欢乐的时刻，合照则更是珍贵的家庭纪念，合照的对比能有效增进家庭幸福感。单人照片的对比则是让学生感受自己的成长，同时感受父母的年华流逝，再加上对比视频以及深情的对视环节的加持，让学生进一步体会父母的辛劳，理解父母的付出，感念父母的养育，缓解亲子矛盾。

整场活动也有很多意想不到的效果，这个年龄段的孩子多数对父母的情感表达都比较内敛含蓄，但是在对视环节，有的孩子不敢看父母的眼睛，有的孩子一开始笑容羞涩，但是笑着笑着眼泪就流了下来，还有一位父亲，看上去很严肃，但是看着眼前的儿子，竟也湿了眼眶，趴在桌子上不敢让孩子看到自己的泪水。孩子们和父母的反应都是最真实的，饱含深情，一方欣喜于成长，一方感念于付出。最后的合照环节氛围也很有趣，很多以前的比如抱着孩子的动作家长还原起来已经有些吃力了，只能退而求其次地站在父母旁边，拿到拍立得照片的那一刻，很多家长在照片下面郑重地写下了照片的时间。这些小惊喜让我也感觉到了幸福。

因为多数是家庭照片，可能会由于学生的原生家庭变动受到一部分的隐私限制，给学生带来一定的心理压力。另外活动过程中照片和视频的观看时间较多，缺少互动，而且有几个学生和家长之间的亲子关系比较紧张，在活动过程中情绪波动较小。

后期也有家长在朋友圈晒出和孩子的合照，对这场活动进行了认可，另外从问卷调查的结果来看，家长们对这场亲子活动也比较满意，并且也通过这次活动，他们家庭出游也更愿意拍照纪念了，也会时不时地将家庭相册拿出来和大家一起回忆，增进家庭成员的沟通，培养良好的亲子关系。

参考文献：

［1］Olson. D H. Circumplex Model of Marital and Family Systems ［J］.
Journal of Family Terapy，2000.

［2］维吉尼亚·萨提亚. 萨提亚家庭治疗模式［M］. 聂晶，译. 北
京：世界图书出版公司，2018.

吐槽吧：我的爸爸妈妈

深圳市坪山区坪山中学　张玉琦

一、活动目的

（1）深入了解学生与父母相处中出现的问题、存在的困惑。

（2）引导学生通过恰当的方式表达自我。

（3）引导亲子双方积极处理目前面临的各种问题。

二、活动准备

（1）向家长发出活动邀请，并组建家长代表团；家长代表团建群，做好答孩子问的准备。

（2）向学生预告活动时间。

三、活动过程

（一）环节一：开场

主持人阐述以下要求：

（1）以事实为基础，表达个人真实想法。

（2）被吐槽人不可以当场反驳、动手，更不可以秋后算账。

设计意图：通过开场，向学生和家长代表团明确"吐槽"的要求。

（二）环节二：**热身**

1. 个人表演

要求：

（1）你爸爸/妈妈的习惯动作或者口头禅。

（2）表演时间20秒内。

（3）其他人依据表演的"共鸣度"打分，分值1~3分。

设定3次表演机会，表演结束后，同学们依据"共鸣度"给出分数。

2. 组内吐槽

组长组织，组内随意吐槽，共计3分钟。

设计意图：通过表演环节，营造氛围帮助孩子们打开话匣子；通过组内吐槽，让孩子们无所顾忌地表达，同时在同学间形成共鸣，鼓励他们积极表达，并为环节二储备素材。

（三）环节三：**吐槽我的爸爸/妈妈**

1. 第一弹：我爸爸/妈妈的那些神逻辑

以我爸爸/妈妈的神逻辑为开场，引出第一弹，设计4次吐槽机会。

2. 第二弹：爸爸/妈妈，请你以后真的不要这样做

总结前面学生吐槽的内容，引出第二弹，设计4次吐槽机会。

3. 第三弹：爸爸/妈妈，这件事情我一直记得

总结前面学生吐槽的内容：一部分是最近或者经常发生的，一部分虽然时间有些久远，但是却依然记忆犹新，引出第三弹：有哪些事情是让你记忆深刻的？（伤心的、感动的、气愤的、无奈的……）设计4次吐槽机会。

设计意图：层层递进，引导学生表达更深层面的问题。

（四）环节四：**答你所问**

学生向家长代表团进行提问，家长代表团现场进行一一回答。

主持人提出要求：问题可以犀利，态度不可以无礼；有问有答，有立场有阐述。

设计意图：通过吐槽环节，学生诉说了心中的千千语，并被激发出了一些情绪和问题，通过家长答孩子问环节，引导家长和孩子共同去解开这些千千结。

（五）环节五：结尾

主持人做总结：我们在与父母相处的过程中，尽管我们确定彼此相爱，可是由于种种原因，一些问题也客观存在着。当面对问题，我们不能一味去委屈、压抑自己，也不能消极地与父母对抗，我们能做的：思考、判断自己的对错，如果自己是错的，就勇敢去面对去解决；如果自己是对的，再去思考是不是一定要去坚持，如果没有必要坚持的，可以选择退一步，而我们在退一步后会发现我们的父母也会做出退步的举动，如果觉得是自己必须坚持的，就试着去沟通，当然这种沟通不一定会一次成功，所以需要我们在沟通中不断寻求更好的方法和途径。

设计意图：引导学生通过恰当的方式积极处理与父母之间存在的问题。

四、活动总结

"吐槽吧"作为系列活动，开展的目的主要是了解学生与同学、父母、教师交往中出现的问题、存在的困惑，引导学生通过恰当的方式表达自我，同时积极处理目前面临的人际交往问题。随着第一期"我的同学"的开展，学生已经能够较好地就主题进行较为客观的"吐槽"，但这种吐槽还是比较随性、宽泛且不设限的表达。在设计第二期"我的爸爸妈妈"时，为了鼓励学生敞开心扉畅所欲言，同时引导亲子双方积极处理相处中出现的问题，设计了层层递进的三个环节。

因为有第一期的铺垫，孩子们的吐槽也层层深入、逐层走心，达到了预期的效果。通过本次活动的开展，让我更加直接地了解了孩子们在与家长相处中存在的问题，一方面为我今后开展学生、家长工作提供了素材，另一方面也提醒了我今后在与学生沟通的过程中要努力避免类似问题的出现。

亲子知心问答活动

深圳市坪山区同心外国语学校　文榕仪

一、活动目的

（1）通过搭建亲子交流平台，促进双方平等沟通，拉近彼此距离。

（2）帮助亲子洞察彼此的内心需求，及时做出反思，从而增进亲子沟通和感情。

二、理论依据

初中生在情绪上往往会表现出内心体验与外部行为的不一致，不愿轻易表露自己的情感需求，渴望获得来自家长主动的关照和理解。而此时，如果家长未能及时发现子女的这种情感变化，则极易引发子女对家长的不满，并最终导致亲子冲突。

据调查，初中生获得父母情感支持的需求十分突出，并随着年龄增长呈直线上升趋势。初中生最希望和爸爸一起做哪些事？在"情感支持"（和我分享心事和秘密、拿不定主意时帮我分析、受委屈或挫折时给我支持等）和"娱乐消遣"（一起运动、一起探险、玩游戏、和爸爸单独旅行等）两方面所包括的10件事情中，"受委屈或挫折时给我支持"和"拿不定主意时帮我分析"排在前两位，分别为46.55%和40.98%；而"一起运动""玩游戏"等所占比例相对较低，分别位列第三、第八位。可见，与娱乐消遣相比，初中生更希望获得来自父亲的情感支持，其中女生对父亲情感支持的需求意愿更为强烈。那么，家长是否察觉到子女的这种情感需求变化并在教育行为上做出相应的改变呢？调查发现，子女获得父母理解这一需求未能得到充分满足，大部分父母与子女一起做上述10件事的比例均低于孩子的期望。当问"和父母沟通中最大的困难是什么"时，50.39%的初中生认为父母不能理解我。可见，初中生有更大的内隐情感需求，而当这种需求被家长忽视时，就容易发生亲子冲突。

因此，根据亲子双方情感需求和沟通需求设计的知心问答活动，有利于双方发现彼此的需求，从而增进感情。

三、活动准备

（1）发放问卷，预先调查学生和家长双方常见的亲子矛盾问题，并挑选具有代表性的10个问题作为题库。

（2）根据班级人数划分小组，知心问答活动以小组为单位轮流进行。

（3）学生进行角色扮演，表演家庭中常见的沟通矛盾，例如父母干涉小孩和班里哪些同学交流玩耍的场景，并录制成视频。

四、活动过程

（一）环节一：点明主题

播放活动前准备的视频给孩子和家长观看，观察双方的反应。主持人举手提问"请问这样的场景是否在你们家出现过，并询问原因"。切入正题，点明本次活动的背景和目的。

设计意图：播放学生的视频作为热身，真实的场景更能触动孩子和家长的内心，主持人发问也让双方思考为什么自己家小孩儿不想被干涉交友，而家长三令五申地强调要多和好同学一起玩。借此场景表明活动背景和目的，为接下来的正式活动做准备。

（二）环节二：知心问答

分小组进行活动时，孩子坐一排，家长坐一排，彼此背对背。在主持人提问后，双方在答题板上写下自己的答案，并念出自己的答案，但暂时不做进一步的讨论交流。

设计意图：分组活动时，其他孩子和家长也在旁观察，对比其他家庭中亲子沟通的矛盾与自己家的亲子沟通矛盾是否具有共性，以此进一步强化在亲子沟通中看见对方需求的重要性。

（三）环节三：分享感受

待所有问答环节结束后，孩子和家长各自回位，讨论刚才各自写在答题板上的答案，双方表明自己的想法，尤其是亲子关系中渴望得到的需求。主持人邀请孩子和家长进行发言，分享在本次活动中的感想和收获。主持人总结完毕后，活动结束。

设计意图：在活动过程中，亲子双方可能会发现彼此写的答案不同。例如小孩写"我希望娱乐的时间能更长一些，因为上课太累了"，而家长写"我希望小孩学习的时间更长一些，因为学习更重要"。双方可以进行讨论和交流，表达自己的想法。本次活动注意引导双方思考有这样的想法的原因是什么，双方的需求在这次活动后能否得到关注和尊重。

五、活动总结

随着经济发展和社会进步，生活节奏越来越快，父母为了生活忙于工作，无暇顾及孩子，而不能很好地跟孩子进行有效的沟通。而我们的孩子正处于身体和心理发展的关键期，特别需要家长的关心、理解和帮助，以促进健康成长。这种被需要和难以满足需要的情况使亲子沟通问题越发影响现代家庭生活，不利于和谐家庭、和谐社会的构建。很多家长意识到与孩子的沟通存在问题，但却无可奈何。

本次活动对家庭双方成员进行教育引导，使家长了解孩子的心理需求，同时使孩子理解家长的良苦用心，真诚接受家长的教导，双方实现理解沟通并增进感情。"亲子有效沟通"是家庭教育成败最重要的因素，也是切实提高青少年心理健康和思想道德水平的有效途径，家长、孩子和学校要积极创造条件，合理运用策略，不断增强亲子有效沟通，促进所有孩子健康成长。

参考文献：

[1] 董铃，肖巧云.家校社网一体化心理健康教育模式的实践与探索——以初中生亲子沟通的指导个案为例 [J].中小学心理健康教育，2022（34）：4.

[2] 黎洪永.架设情感桥梁　沟通亲子关系 [J].四川教育学院学报，2001，17（12）：24.

[3] 李燕，吴维屏.家庭教育学 [M].杭州：浙江教育出版社，2009.

[4] 雷雳，王争艳，李宏利.亲子关系与亲子沟通 [J].教育研究，2001（6）：5.

[5] 朱丹.班主任助力中学生家庭有效亲子沟通策略 [J].现代中小学教育，2022，38（2）：4.

校外沟通类

"小家"访谈　你我无间

深圳市坪山区同心外国语学校　林炫

一、活动目的

（1）搭建亲子交流平台，促进双方平等沟通，拉近彼此距离。

（2）锻炼学生的表达能力，增强自信心，促进学生对原生家庭的理解。

（3）增进父母对子女的理解，丰富父母对子女的教育方式。

二、理论依据

（1）青春期整合自我，学生渴望成人化的对待。

（2）美学理论告诉我们，距离产生美感。访谈活动具有角色扮演的意味，营建仪式感的同时也创设日常生活的互动场景。

（3）同伴理论。同龄人间的交流有相互教育的功能，良性的互动能营造有安全感的积极氛围。

三、活动准备

（1）评估状态：通过问卷调查了解学生、父母日常生活中对彼此的相处感受。对典型的亲子矛盾及时地做好疏导。

（2）学习访谈：结合访谈节目视频、课堂教学等使学生掌握人物访谈的方法并对如何做采访提纲、采访笔记开展练习与评讲。

（3）宣传造势：通过家长会等方式与家长沟通，强调活动的积极意义，保证家长们对此充分配合。

四、活动过程

（一）环节一：明确线索，制定提纲

（1）明确采访线索，收集家中老照片或纪念品、总结对父母存而未决的疑惑、比如渴望追问的爱情故事（八卦）等。

（2）完成受访人物资料表格，熟悉有关材料（年龄、工作、兴趣爱好、重要事迹等情况）。

（3）制定采访提纲，小组成员合作，交流各自想法，选出组内最佳采访提纲（见表1）。明确：了解什么情况，提些什么问题，什么地方要追问或详细了解。

表1　采访提纲示例

问题1：您如何看待您现在所从事的工作？	笔记：
问题2：工作中您最大的收获是什么？	笔记：
问题3：在您印象深处，家人为您工作（事业）提供的最大帮助是？	笔记：
问题4：您是如何平衡工作与生活（个人兴趣）的关系的？	笔记：
……	笔记：

（4）教师把关，进行班级展示，选拔出两至三类优秀提纲，采访

者可参考并对自身作品做进一步完善。

（5）访谈主持人将准备好的采访提纲交于受访者，根据其意见做最后的调整。

设计意图：凡事预则立，在不断精确细化的活动过程中，学生能更进一步加强对家庭的思考，同龄人思维的碰撞也能促进当事人打开心扉，进而认识到原生家庭的个性。

（二）环节二："小家"访谈，你我无间

（1）营造氛围，准备设备。访谈时间尽可能选择周末温馨的夜晚，以便灯光、音乐营造氛围，亲子共同布置场景以及准备好录音、摄影的电子设备。

（2）正式开场，合理分工。亲子正装出行，访谈期间以"女士/先生"相互称呼；亲子三人：一人访谈（笔记）、一人受访、一人协助拍照（旁听）；时长控制在1小时内，就设计好的问题进行访谈，并遵照基本的礼仪形式。

（3）将访谈内容、访谈者体验及受访者对访谈者的文字评价汇总成一份电子版海报，家长参与最终的审稿。

设计意图：营造正式的氛围，拉开亲子距离的同时，又搭建沟通的桥梁；过程中对彼此鼓励性的评价都能增进亲子生活的美好体验。

（三）环节三：分享纪念，余味悠长

（1）收集学生访谈文字和访谈海报（过程及心得体会），通过班会课、班级黑板报等方式分享与宣传。

（2）汇总图文作品，制作成"小家访谈　你我无间"亲子访谈纪念册。

（3）后续公众号宣传。

设计意图：凝聚为作品，进一步强化活动意义，给处于青春期学生的学习生活留下难以磨灭的印象。

五、活动效果与总结

本活动围绕"亲子访谈"做充分的准备，重点实现两个目标：一个是技术性的访谈技巧的掌握；另一个是营造亲子间合乎时宜的沟通氛围。为了学生能更好地掌握访谈技巧，本活动将访谈的方法由浅入深地进行讲解并在同伴互助的氛围下进行实操演练，使学生得以熟练地掌握这一操作方法并克服畏难、抵制情绪。亲子合乎时宜的沟通状态，首先从必要性来看，青春期阶段的亲子矛盾一般较为尖锐，父母有很大的动机希望能改变当下的现状，基本都有配合活动安排的意愿；其次，在话语方式的改变上，建议少说教，多以故事性、描述性、鼓励性的语言来平等互动；最后，在仪式感的营建上，布景、着装、访谈设备、访谈记录和访谈海报的生成都可使亲子双方充分参与到流程当中。以上基本能保证活动的顺利进行。

我们需要的注意事宜则有：（一）注意孩子原生家庭中某些敏感的特点，如单亲家庭、家庭经济情况、职业的特殊性等因素，这些都需要作为教师的我们给予更多的关注和照顾；（二）注意时间节点的把握，该活动准备时间较长，可能需要一个月的时间来进行。在此过程当中，需要通过班会课、班级板报等方式保持学生和家长的积极性。

参考文献：

［1］查尔斯·J.斯图尔特，威廉·B.凯什.访谈：原理与实践［M］.14版.张建敏，译.北京：清华大学出版社，2021.

［2］杨雪梅.距离产生美［J］.新闻爱好者（理论版），2007（6）：40～41.

［3］舒莉.基于"同伴互助"的校本研修活动研究［J］.当代教育科学，2013（8）：21～22.

爱的诺言

——亲子需求协议书

深圳市坪山区同心外国语学校　林美婷

一、活动目的

1. 提供平等的亲子沟通途径

青春期的孩子存在闭锁与开放的矛盾心理，一方面希望能与父母沟通交流，一方面又碍于面子和叛逆心理，不愿主动沟通。而父母也往往易通过过激的方式来和孩子对话，故通过签订亲子协议，能在双方得到尊重的前提下，帮助双方有效表达需求。

2. 增强学生自控力

将自控能力的培养和亲子之间履行协议结合起来，能培养学生的自我约束能力与自觉行动能力，养成良好的习惯，做到独立自律。

3. 培养学生的契约精神

亲子协议的签订，有助于让学生在人生的早期产生一种契约意识，知道对自己的行为负责，并且承担相应的后果。

二、理论依据

（1）儿童大脑研究专家菲尔·麦格劳博士开创了一套儿童契约理论，即父母可通过和孩子签署合同，来培养孩子的契约精神与好习惯。在合同里，父母可写下他们期望孩子做的事情，并说明预期成果。

这种合同称为Behavioral Contract（行为合同），而合同就是给父母和孩子的约定建立起一套事实基础。签署合同意味承担责任，可以培养孩子的责任感，增强责权意识。

（2）在家庭心理治疗的"行为治疗"中，有一种常用的心理治疗技术，叫作"协议化管理"，也是着眼于可观察到的家庭成员间的行为表现，建立具体的行为改善目标与进度，充分运用学习的原则，给予适当的奖赏，促进行为的完善。

三、活动准备

（1）准备一张A4大小的卡纸，折叠分为三大板块，即"我""结果""父母"三大模块。

（2）挑选一个氛围民主、宽松、优美整洁的环境，要尽量安静、温馨，便于彼此平等、民主的交流。

（3）准备一盒印泥，两支签字笔，便于开展书写、捺手印等活动。

四、活动过程

（一）环节一：明确操作步骤和规则

明确亲子协议的组成分为五个部分：一是确定目标，二是规定监督的方法，三是确定行为有效期，四是有奖励和处罚，五是双方预约签字。同时，还需要注意几点：第一，父母要以身作则，认真执行。第二，协议的内容要简单、具体，便于执行，也便于检查。第三，协议中父母的要求不要太高，高度应该是孩子努力一下就能达到，伸手跳一跳就够得到的。第四，制定协议之后要严格执行，家长和孩子要互相检查、互相监督。第五，要制定一定的奖惩机制，并做到奖惩分明。

设计意图：父母子女双方都要明确活动规则，以便活动顺利开展。

通过此环节，亲子之间建立平等、民主的关系，确保在制定亲子协议的过程中，双方能更坦然地说出自己的需求。

（二）环节二：召开家庭会议

此环节家长和孩子之间讨论的内容可以不只局限在学习问题上，很多的日常行为都可以作为改变的目标，找出具体而明确的问题，剖析要改变什么，制定目标应遵循先易后难、循序渐进的规律，以便于增加孩子完成任务的信心。

设计意图：通过召开家庭会议，家长与孩子在尊重、和谐的氛围中，以便双方深入讨论剖析问题和制定目标。同时，确定沟通的方向和目标，使协议的制定更具针对性。

（三）环节三：拟定亲子协议内容

将A4纸分为三个板块，一侧为孩子需求，一侧为父母需求，中间写的是双方协商后达成的共识。确定目标后，父母和孩子要制定切实可行的行动路线。同时，要确立其监察机制。根据协议，每天评估当天的目标是否已经完成，完成的质量如何。但需注意一般情况下，提倡将惩罚用不奖励替代，避免戳伤孩子的信心和自尊心。

设计意图：通过拟定亲子协议的内容，将协商内容成文化，可以帮助亲子双方搭建沟通的桥梁，更加了解对方，充分表达自己建议，推动亲子关系的改善和进一步发展。

（四）环节四：签署亲子协议

亲子协议需一式两份，双方各执一份。在双方达成共识，确认无误后，父母与孩子一同签名、捺手印。并在接下来的日子中，认真贯彻落实协议内容，及时奖惩（见图1和图2）。

设计意图：通过捺手印、签名等一系列活动，可以增强仪式感，使协议更具权威性，也让亲子之间更加重视协议，培养孩子的契约精神和规则意识。

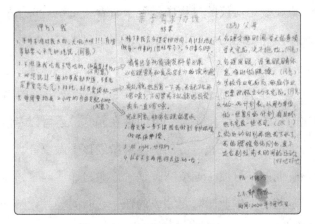

图1 亲子协议（1）

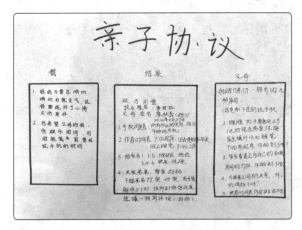

图2 亲子协议（2）

五、活动效果与总结

　　网课期间，孩子待在家中学习，嫌弃父母管得太多；父母嫌弃孩子不听话，一意孤行，难以沟通；教师又无法当面调解，毕竟"清官难断家务事"，亲子关系非常紧张。但所谓"解铃还须系铃人"，其实最好的方法就是让父母和孩子之间真正达到有效沟通。于是，笔者就采用了亲子协议的方式，通过这种君子协议，笔者成功解决了班级里很多亲子矛盾，父母也在制定协议的过程中受到了教育，重塑对自己的孩子需求的认识，发现亲子之间的矛盾和误解，认识到自己在家庭教育中存在的问题。

此外，笔者也在实施活动的过程中，发现亲子协议的内容广泛。如果父母在与孩子相处中发现某一方面存在问题，还可以专门制定一些"特殊的协议"，例如，通过劳动协议来激励孩子做家务，通过行为协议来培养孩子们的好习惯（如按时睡觉、按时写作业等），通过家庭作业协议来规定孩子做作业时需要完成的任务、时间等，让亲子协议在更多地方发挥用武之地，也进一步培养孩子的规则意识和契约精神。

总之，在家庭教育中，能针对具体问题跟孩子"签订协议"，一起去达成一份"爱的诺言"也不失为一种有效的家庭教育方法！

宝贝更新手册

深圳市坪山区同心外国语学校　周文颖

一、活动目的

进入青春期，孩子经常会吐槽父母不理解自己，而父母更是时常抱怨不知道孩子在想些什么。为了让父母充分了解刚刚进入青春期的孩子在成长中的变化，了解孩子在家庭中的真实感受和心理需求，特邀请父母和孩子一起完成这份"宝贝更新手册"。

二、理论依据

（1）马斯洛需要层次论指出青春期孩子正在进入高层次需要的阶段，所以爱和尊重在这个阶段是尤其重要的。

（2）亲子沟通的三层次模式：亲子沟通需要父母与孩子通过信息、观点、情感或态度的交流，达到增强情感联系或解决问题等目的的过程。

（3）青春期自我认知发展规律指出青春期的孩子会开始努力模仿大人，像大人一样思考生活，渴望平等，渴望被尊重、被人认真对待，讨厌被当成孩子，非常在意亲子关系中的真诚与虚伪。

三、活动准备

（1）专属手册：在示例的基础上，根据家庭日常生活的现状与孩子在意的话题修改问题具体内容，创造出一份具有个人特色的宝贝更新手册；

（2）材料准备：黑笔、蓝笔各两支；红笔一支；打印爸爸版与妈妈版宝贝更新手册各一份。

四、活动过程

（一）环节一：你以为我是怎样的?

请爸爸妈妈同时使用黑笔独立完成宝贝更新手册：

宝贝更新手册示例（爸爸版）

亲爱的爸爸：

　　您好！距离我们的第一次相见已经过去_____年了，谢谢您的陪伴和悉心照料。小小的我现在已经长这么高、这么大了，现在的我会运动、会绘画、会阅读，自己能独立完成的事情已经越来越多了。除了身高、体态的变化，其实我的喜好和想法也在不断变化哦。

　　为了让您更了解"最新版"的我，我为您和妈妈各准备了一份宝贝更新手册。这份手册一共分为两部分："关于我"和"关于我的家"。请根据您对我的了解，完成手册中的题目。

　　爸爸，您准备好了解我了吗?

关于我

　1. 我最喜欢的颜色是：_____

　2. 我最爱吃的食物是：_____

　3. 我最害怕的事情/东西是：_____

　4. 我最想收到的一份礼物是：_____

---

5. 我的偶像是：＿＿＿＿＿＿＿＿，我最欣赏他/她的＿＿＿＿＿＿＿

6. 我不开心时最想做的事情是：＿＿＿＿＿＿＿＿＿＿

7. 我最好的朋友是：＿＿＿＿＿＿＿＿＿

关于我的家

1. 妈妈最常说的一句话是：＿＿＿＿＿＿＿＿＿

2. 我最想听到爸爸妈妈说的一句话是：＿＿＿＿＿＿＿

3. 我最不想听到爸爸妈妈说的一句话是：＿＿＿＿＿＿

4. 爸爸妈妈做的菜里面我最爱吃的是：＿＿＿＿＿＿

5. 最近一次感受到爸爸妈妈很爱自己是因为：＿＿＿＿

6. 最希望一家人一起做的一件事是：＿＿＿＿＿＿＿

爸爸得分：＿＿＿＿＿

宝贝更新手册示例（妈妈版）

亲爱的妈妈：

您好！距离我们的第一次相见已经过去＿＿＿＿年了，谢谢您的陪伴和悉心照料。小小的我现在已经长这么高、这么大了，现在的我会运动、会绘画、会阅读，自己能独立完成的事情已经越来越多了。除了身高、体态的变化，其实我的喜好和想法也在不断变化哦。

为了让您更了解"最新版"的我，我为您和爸爸各准备了一份宝贝更新手册。这份手册一共分为两部分："关于我"和"关于我的家"，请根据您对我的了解，完成手册中的题目。

妈妈，您准备好了解我了吗？

关于我

1. 我最喜欢的颜色是：＿＿＿＿＿＿＿＿＿

2. 我最爱吃的食物是：＿＿＿＿＿＿＿＿＿

3. 我最害怕的事情/东西是：＿＿＿＿＿＿＿＿＿

4. 我最想收到的一份礼物是：＿＿＿＿＿＿＿＿＿

5. 我的偶像是：＿＿＿＿＿＿＿，我最欣赏他/她的＿＿＿＿＿

6. 我不开心时最想做的事情是：＿＿＿＿＿＿＿＿＿

7. 我最好的朋友是：＿＿＿＿＿＿＿＿＿

关于我的家

1. 爸爸最常说的一句话是：＿＿＿＿＿＿＿＿＿

2. 我最想听到爸爸妈妈说的一句话是：＿＿＿＿＿＿＿＿＿

3. 我最不想听到爸爸妈妈说的一句话是：＿＿＿＿＿＿＿＿＿

4. 爸爸妈妈做的菜里面我最爱吃的是：＿＿＿＿＿＿＿＿＿

5. 最近一次感受到爸爸妈妈很爱自己是因为：＿＿＿＿＿＿＿＿＿

6. 最希望一家人一起做的一件事是：＿＿＿＿＿＿＿＿＿

妈妈得分：＿＿＿＿＿

设计意图：通过不同维度的问题让父母意识到自己对孩子的了解并不足够，对于孩子在成长过程中的变化也未能充分了解。这也提示父母可以在日常生活中从以上方面与孩子培养共同话题。

（二）环节二：其实我是这样的

爸爸妈妈均完成手册后，孩子使用红笔对父母的答案进行批改，每题10分，总评130分。

孩子使用蓝笔在错误答案旁写下正确答案，并将批改后的手册返回给爸爸妈妈。

爸爸妈妈认真阅读孩子所做的修改。

设计意图： 孩子通过批改表达自己在家庭中的真实感受和需求，也清楚了解到父母对自己的误解。

（三）环节三：亲子讨论

看完手册后，孩子依据"你最希望父母了解到你的什么""你认为父母最不了解你的是什么""你最希望父母知道的一件事或改变的一件事是什么"与爸爸妈妈进行交谈。

听完孩子的想法，爸爸妈妈也可以表达自己写下那些答案的原因和理解，讲述自己心目中的孩子是什么样的。在"更新"完手册后，爸爸妈妈和孩子共同表达未来以什么样的态度相处能尽量避免误解，能彼此走得更近。

> 亲爱的爸爸妈妈，我们是彼此人生中最亲密的家人、最捧场的观众、最忠实的粉丝。成长中的我，现在正是"更新换代"最快的阶段，也许有时候我不知道如何表达我的感受和想法，但请你们相信，不管怎么更新，不变的是我永远爱你们！希望从今天开始，您可以带着理解、悦纳、尊重的心去看待我的"更新"，也希望在您的陪伴和激励下，在你们的见证下，我会成长为更好的自己。

设计意图： 拉近亲子沟通的距离，彼此反思在未了解对方需要的情况下因为误解所带来的沟通冲突。

五、活动效果与总结

这个阶段产生亲子冲突很重要的原因在于在父母眼中他们还是孩

子，可是他们内心最重要的心理需求是"被尊重"：我已经长大了而不是一个孩子了，我有我的想法，我有我的界限。因此通过"宝贝更新手册"这一具有仪式感的工具，能让每位学生都能创造出一份专属自己的手册，通过手册正式地表达自己内心真实的需求和想法，为亲子交流提供平台和聆听彼此心声的机会。

在不同颜色笔迹的对比打分中，能让父母直观地看到自己对孩子的了解程度到底如何，在不同话题上存在哪些误解，还是孩子的真实想法被忽视了。让父母切身体会到眼前的孩子真的已经长大，需要用不一样的眼光与态度去对待他。

在最后的亲子讨论中，孩子和父母都能真情实感地表达自己的真实需求与期待，解开曾经误会的心结，商议未来的沟通方式，改善亲子关系。

我们需要注意的是如果是重组家庭或单亲家庭，需要事先与孩子进行充分的沟通，避免活动对孩子造成情感上的伤害。可以使用单一版本的手册，或是增加其他监护人（如爷爷奶奶、外公外婆等）的手册版本。

我的人生第一次

——母亲节亲子观影与访谈

深圳市坪山区同心外国语学校 周文颖

一、活动目的

新生命的诞生既伴随着喜悦，也伴随着为人父母生育过程中的种种选择与风险。纪录片《人生第一次》第一集《出生》通过蹲守在上海市复旦大学附属妇产科医院，记录下产科病房里的一个个真实故事，记录下新生命来到这个世界面对的第一次挑战与守候。

通过本次的观影和访谈，希望孩子能够了解到生命是如何来到这个世界的，明白妈妈生育的不易，从而更加珍爱生命，也更加感恩父母。

二、理论依据

1. 影视教育

2018年末《教育部、中共中央宣传部关于加强中小学影视教育的指导意见》明确将影视教育作为中小学德育、美育工作的重要内容。通过声画结合的影像所传达的知识更容易使观众在无意识中获得信息。

2. 生命教育

生命教育是教育学的一个分支，是对学生的每一次生命活动进行关怀，中心思想在于尊重他者与自己的生命，以改善或消除现代年轻人自杀及欺凌行为。孩子借助了解生命是如何来到这个世界的，从而更加珍爱生命。

3. 感恩教育

感恩是一种生活态度，是一种美德。孩子通过了解生命是如何来到这个世界、了解妈妈孕育生命的不易，切实感受妈妈生产和养育自己的不易，从而更加感恩父母。

三、活动准备

（1）纪录片《人生第一次》第一集《出生》，约33分钟。

（2）一段安静、无人打扰的亲子时光。

（3）调试好观影设备，准备好喜欢的茶点零食。

四、活动过程

（一）环节一：亲子漫谈

孩子分享：说一说你脑海中最早的记忆，那是在什么时候，发生了什么事情。（孩子分享时爸爸妈妈可适当追问细节，比如那一幕记忆里还有谁在，孩子当时的心情如何等）

妈妈分享：说一说你对这个孩子最早的记忆是什么样的。

爸爸分享：说一说你对这个孩子最早的记忆是什么样的。

设计意图：记忆，是从数以万计的印象中筛选出来的，能被我们记住的事物，都不是偶然。心理学家阿德勒认为，记忆之所以重要，是因为它体现了一个人的内心想法，重要的是我们赋予了记忆哪些意义。这些意义让我们重新回到亲子关系的温馨与独特当中。

（二）环节二：亲子观影

观看纪录片《人生第一次》第一集《出生》

本集将镜头对准了三对夫妻，透过他们在生育过程中面临的种种选择和风险，展现了第一次为人父母的他们对未知的恐惧和迎接生命降临的喜悦。生命的诞生，牵动着个人、家庭和社会，而生育的背后呈现的便是普罗大众最真实、最揪心、最温情的缩影。

设计意图：本集纪录片由三位伟大的母亲书写，她们向我们展示了母亲的坚韧、对生命的热爱与顽强。对于片中一个个新生命的诞生，孩子和父母既是旁观者，也是曾经的亲历者。片中有很多个平凡的瞬间能够将观众心底的情感唤醒。

（三）环节三：亲子采访

（1）采访父母，"我"出生的那一天他们的经历和心情。

（2）写下《我出生那一天的故事》，可附上照片、视频、图画以及其他巧思设计，不限字数与时长，重在内容和质量。

（3）完成后将作品拿给全家人共同观看，并带到班级进行展示。

设计意图：妈妈拼尽全力把孩子接到这个世界上来，今天的任务就是让孩子把感动转化为实际的行动，通过互动任务来了解妈妈在生产自己时的不易，以表达对妈妈的感恩，加强对妈妈的理解。

五、活动效果与总结

听说神不能无处不在，所以才创造了妈妈。妈妈说"在见到你之前，我已经开始爱你了"。本片中，三个家庭都走向了圆满，而对于孩子们来说，一切都才刚刚开始：爸爸妈妈拼尽全力才把自己接到这个世界上来，这种出生时就收获的爱意，就是初来乍到的孩子在未来面对其他人生第一次时倔强不退的底气。看完视频，很多孩子都会哭，孩子更能体会到妈妈的不易和母爱的伟大。

新生命的诞生既伴随着喜悦，也伴随着为人父母生育过程中的种种选择和风险。当妈妈和爸爸回忆起当初用尽全力把孩子带到这个世界，就更能想起自己孕育和生产时的初衷不过是希望孩子健康快乐。后来随着孩子慢慢长大，父母对孩子的期待越来越高、越来越多，冲突也随之来临了，别让这种初衷丢失了。

有了双方这样彼此理解，孩子与父母之间的爱意可以重新涌动。

一起骑行，携手登山

深圳市坪山区中山中学　陈克娜

一、活动目的

（1）促进亲子间周期性的交流，培养亲子情感，拉近亲子距离。

（2）锻炼亲子彼此的意志力和身体素质，提升学生的体育素养，拓展兴趣爱好。

（3）增进父母对子女的深层次了解和理解，丰富家庭教育方式。

二、理论依据

（1）马斯洛的需要层次论认为，人都有自我实现的需要。因此，实施"一起骑行，携手登山"的亲子活动是促进彼此共成长、实现自我价值的重要途径。

（2）亲子互动理论认为，亲子互动可以影响彼此的态度、情感与行动，甚至改变彼此的互动模式。

三、活动准备

（1）问卷评估：以调查问卷的形式了解家长和孩子户外活动的形式和频率等，评估亲子活动开展的顺利程度，方便选取活动组长或负责人。

（2）活动道具：山地车或自行车等出行工具、记录感想的亲子记事本、规划出行路线的地图或电子地图、记录美好瞬间的手机或相机。

（3）宣传鼓励：通过家长会、倡议书等形式，向家长介绍活动的目的与意义，鼓励家长携孩子积极参与，形成活动群体。

四、活动过程

（一）环节一：约定时间，启动计划

引导有意向且有条件参加周末户外活动的亲子组建微信群，根据自荐或推荐选取活动负责家长，负责之后活动的组织安排与安全事宜等，呼吁家长可以安排爸爸的角色。

微信群中商讨亲子"骑行+登山"活动的时间段，比如周六下午2点至6点，如果有家长和孩子时间不合适，可以分成几拨队伍，每个时间段的队伍再确定一个主负责人，想单独行动的亲子也可单独行动，不受其他家长队伍的时间限制。

制定活动规则。家长负责人在群内说明骑行和登山活动的规则，强调安全事项，建议参与的家长和孩子合理调配时间，如家长尽量不加班工作，不安排其他人际交往事务，孩子尽量不在此时间段安排课外兴趣活动或写作业，让约定时间成为亲子交流和锻炼身体的好时光。

设计意图：在孩子的成长过程中，爸爸对孩子的影响至关重要，因此设计爸爸和孩子的活动，能够弥补爸爸在孩子成长过程中的缺失，也能让孩子在性格发展上更加全面。提前规划好活动时间，确定好活动群体，有利于下一步活动的开展。

（二）环节二：规划路线，制定攻略

约定好时间后，制定攻略，确定户外活动目的地，比如第一周亲子队伍骑行至马峦山脚下，再一起向马峦山上前进。

确定目的地后，家长与孩子一起探讨骑行路线，比如哪条路更容易骑行到达、哪条路距离更近、哪条路风景更美等。

在规划路线时，根据实际情况，家长和孩子可以各出一个自己认为最佳的方案，然后再一起讨论确定骑行的最终方案；如果孩子对地形或者地图不太了解，爸爸正好可以趁此机会与孩子一起研究地图，也是孩子增长地理知识的途径。

设计意图：该环节为接下来的骑行登山环节做前期准备工作，家长和孩子都提出自己的方案并商讨，是一种民主意识的体现，能够让孩子感受到家庭中的民主氛围，也能帮助孩子培养独立思考、判断与质疑的能力，同时孩子在制订计划和攻略的过程中，能够从多方面考虑问题并分析，有利于培养分析与解决问题的能力。

（三）环节三：骑行登山，一路畅谈

开启仪式感，可统一服装或道具；若无条件，可都身着运动装，带好水杯等随身物品，骑着各自的山地车，骑行在路上将是一道别样的风景。

在骑行和登山途中，亲子互相分享对遇到的人或事物的看法，或讲一讲彼此在前一周遇到的趣事，各抒己见；同时孩子之间、家长之间也可互相聊天，彼此在畅谈中愉悦地骑行和登山，让路程充满意义。

在活动中，多拍一些照片记录走过的痕迹，也可以记录每周的亲子时光，成为日后美好的回忆。

设计意图：骑行和登山的时间会很长，孩子若能把自己的所见所想毫无保留地分享给家长，无疑是对家长的一种信任；这种分享对于家长来说，也是对孩子的一种放心。亲子之间没有隔阂，愿意分享和倾听是最好的一种关系。同时，父子之间的这种活动与交流，会培养男孩子坚韧的性格和分析事物的逻辑能力。

（四）环节四：出行有感，记录分享

每次出行归来，亲子一起在各自的笔记本上写下出行的感想，既可以是心情日记的形式，也可以是图文并茂的游记形式。

亲子可交换欣赏记录的感想，了解对方的感受，还可以把各自的笔记本分享给家里的其他成员看，让全家人一起感受这次出行带来的成长；也可根据自己的意愿选择是否分享给对方看，彼此尊重隐私，体现家庭民主氛围。

设计意图：任何活动完成都应该有一个小结，而孩子的日记便可以成为总结的一种形式，为了督促孩子，家长也一起写记录，起到亲身示范的作用；同时，对孩子而言，写日记有利于培养语言组织与表达能力，提高孩子的文笔水平，养成总结与记录的好习惯。

五、活动效果与总结

在现代社会，家长工作压力和学生学习压力都比较大，家长和孩子之间缺乏一定的沟通，导致家长和学生对彼此互不理解。周期性的亲子骑行和登山活动，对家长和孩子来说都是一笔巨大的财富。此活动的开展从问卷评估、道具准备到对家长的宣传鼓励方面都要做好充分的前期准备，保证活动的顺利进行；不管是亲子单独行动还是多组亲子一起活动，家长和孩子在规划目的地、做活动攻略、畅所欲言、彼此交流和活动后感想记录等环节互相深入了解，减轻了家长与孩子之间因不沟通、不理解产生的隔阂。

于孩子而言，骑行和登山是一项锻炼意志力的活动，能够坚持下来有利于提高自己的坚韧性，在学习和生活中也较为坚强乐观；于家长而言，在活动中，家长能顺利地了解孩子的所思所想，构建良好的亲子关系，省去了很多因亲子关系僵化而导致的烦恼。

当然，由于天气、偶尔有其他事情安排等原因，每周固定时间活动、固定亲子群体较难，不能保证每次活动都按照计划实行，但以上因素并不影响活动的开展，只要能够行动起来，该亲子活动的目的和意义就可达到理想效果。

参考文献：

［1］王妍.基于马斯洛需求层次理论的教师激励路径研究［J］.经济师，2022（11）：236～237.

［2］沈玉萍.流动家庭亲子互动理论构建研究［J］.文化创新比较研究，2021（17）：17～20.

绿道徒步，在山水间促亲情

深圳市南山区第二外国语学校（集团）大磡小学　王娜

一、活动目的

由于平时忙碌的工作和学习，孩子和父母很少能静下心走出去，感受自然，放松心情，敞开心扉。结合深圳绿道覆盖密度全省第一的优势，笔者设计了此次活动——绿道徒步，在山水间促亲情。绿道串联起了人文历史、自然生态、山海景观。在美丽的自然景色中，父母放下了生活和工作的压力，孩子也暂时抛却了学习的重担，全身心地投入自然中，在徒步的过程中既可以远观山海，又可近寻野趣。父母和孩子都放下了心理的戒备，敞开了心扉，把平时积压在内心的想法自然吐露。绿道徒步既可以有效地避免亲子沟通中可能遇到的尴尬，又可以强身健体，促进家庭关系和谐。

二、理论依据

（1）运动可以促进人体内分泌的变化，大脑分泌内啡肽的水平直接影响人的情绪高低。合理的运动，可带来良好的减压效果，使焦虑、抑郁等负面情绪水平得到显著下降。

（2）亲子的户外运动也属于家庭教育的一部分，在户外运动中孩子的各种潜能更能被激发，也更能激发孩子的探索欲望。

（3）积极有效地倾听和沟通，能更好地促进家庭和谐。

三、活动准备

（1）徒步行走。家人最好穿轻便且透气性好的户外运动鞋，方便长距离行走。

（2）选择长袖吸汗衣物，并带好防晒霜、太阳镜、遮阳帽等物品，以抗拒紫外线。预防因早晚温差大而着凉。

（3）充电宝，摄影装备，以备拍照留念，留下美好的瞬间。

四、活动过程

（一）环节一：亲子协作，策划行程

家人周末围坐在一起，通过家庭会议，商量想要绿道徒步走的距离，起点和终点分别设在哪里，利用网络查找附近有哪些可以顺道观赏的人文自然景观，徒步过程中需要注意什么，应急方案是什么，最终决定绿道徒步路线和日期。

设计意图：通过家庭会议，亲子共同商议绿道徒步的路线和注意事项，应急方案，让孩子在讨论的过程中具有参与感，有自主决定的权利，也能更好地倾听孩子内心真实的想法和需求，促使孩子对整个活动更加感兴趣。

（二）环节二：徒步休闲，畅享沟通

准备好必需物品，开展徒步旅行。在旅行过程中，父母和孩子可以边行走、边聊天，父母可以聊聊自己工作中的得与失，取得某个项目活动成功或失败的过程中遇到了哪些挫折与困难，自己又是通过何种途径解决的，聊聊自己每天在家中对亲人的感受。孩子则可以聊聊自己的学习生活，学习中遇到的困难，想要怎样克服，需要父母提供怎样的支持和帮助。孩子亦可以聊聊最近回家后的感受，面对父母有时候的关心和不理解，自己的真实想法是怎样的，想要的亲子关心相处方式

是怎样的。

注意，父母在跟孩子沟通的时候，要积极地倾听。在倾听过程中用心思考，开放接纳孩子的观点，给予回应，不要急于反驳。另外，对于孩子提出的比较迫切的问题给予及时的回应（见表1）。

表1　父母可采用的提问方式示例

最近看你回家后情绪有点低落，我们很担心你，你可以聊聊吗？如果你愿意的话	发生这样的事，你的感觉和想法是什么？
这个困境为何会发生，是谁造成的呢？	你曾经尝试用哪些方法去处理这个问题？后来为什么会失败或者遇到挫折呢？
你还有没有其他想要尝试的办法？	你需要爸爸妈妈提供什么支持或帮助呢？

设计意图：父母通过聊自己的生活或者工作，可以让孩子对大人的世界有所了解，而父母面对困境的态度，解决困难的方式，对孩子也有所启发，从而营造一种开放、自由、平等的沟通氛围，掌握合理巧妙的沟通技巧，更容易激发孩子的分享沟通欲望。

（三）环节三：享用美食，感受和谐

徒步旅行结束后，父母可以跟孩子一起去一家心仪已久的餐厅，一家人开开心心地享受美食带来的满足感和幸福感，为徒步旅行画上完美的句号。

设计意图：美食对于味蕾的冲击容易让人心情愉悦，徒步的辛苦劳累，也在享用美食的过程中得以缓解。在吃饭的过程中，还可以了解下孩子对徒步旅行的感受，以及还有什么期待，总结得失，为下次活动做准备。

（四）环节四：图文创编，留存美好

运用美篇或者其他图文编辑软件编辑美文，为家庭留下美好的回忆。

设计意图：现代化的图文创编工具，更容易留下美好的瞬间，为孩子的成长过程留下美丽的印记，促进亲子关系和谐发展。

五、活动效果与总结

"陪伴是最长情的告白。"通过孩子和父母一起策划亲子活动，既放松了身心，也让父母放下工作和手机，给予孩子更多的陪伴和了解。活动前的精心准备和考虑，保证了徒步活动的顺利进行。父母和孩子在徒步行程中不仅观赏到美丽的自然景观，也敞开了心扉。孩子会意外地发现，爸爸妈妈在工作中也会像自己在学习中一样，遇到各种各样的烦恼、困难，但是他们并没有怨天尤人，而是积极地想办法去克服。父母也换位理解了孩子，也许父母觉得微不足道的小事，却会在孩子的内心掀起惊涛骇浪。亲子双方都学着互相了解、互相信任，在有效的亲子沟通过程中，父母和孩子都了解了彼此的需求，不管是生理上的还是心理上的。在了解的基础上，相互改进，学着去接纳和理解，学着去换位思考，以此促进家庭的和谐。

敞开心扉　双向奔赴

深圳市坪山区同心外国语学校　陈少秋

一、活动目的

（1）缓解亲子矛盾：月考成绩出来后，个别家长反映跟孩子沟通有点问题，主要在于孩子不愿意跟父母多交流，尤其在成绩方面，觉得父母无事生非，对父母充满了责备与抱怨。

（2）促进亲子之间相互理解、相互包容，增进亲子感情。

（3）培养学生的感恩之心，让他们理解父母并表达对父母的爱。

（4）让父母看到孩子的其他优点，从而意识到应该多角度、多维度评价孩子，而不应仅仅关注成绩。

二、理论依据

本案例主要依据"非暴力沟通理论"。"非暴力沟通"是指用一种不指责、不批评的方式沟通，并且能够化解人与人之间的冲突，适合于各种人之间的沟通。"非暴力沟通"认为负面情绪的出现反映出内心未被满足的需求，暴力的根源在于人们忽视彼此的感受和需要，而将冲突归咎于对方。"非暴力沟通"主张从观察（我看到了什么）、感受（我有什么样的感受）、需要（我内心里的什么需要导致了我有这样的感受）、请求（为了改善现状，我的请求是什么）四个维度来如实地与人交流。

通过这样的沟通方式来表达自己和倾听他人，双方在良好互动过程中增进亲子感情。

三、活动准备

（1）在课堂上带领孩子们学习有关母亲节的课文。

（2）收集关于表达母爱的沙画视频《母亲》。

（3）恰逢电影《你好，李焕英》上映不久，我给孩子们讲了电影《你好，李焕英》的故事梗概，并让孩子们看了片段。

（4）给孩子们布置周末作业。

（5）在家长群里说明此项活动的目的。

四、活动过程

（一）环节一：观看视频，酝酿情绪

设计意图：月考结束，恰逢母亲节来临之际，让孩子提前观看相关话题视频，一是让孩子们放松，二是为周末活动做准备，激起孩子们心中的善良与温暖，让他们理解妈妈一生的操劳，对自己的无私付出。缓解部分学生由于家长询问成绩，而不愿回答的不满情绪（见图1）。

图1 学生观看视频沙画《母亲》场景，大家默默地注视着屏幕，没有一个人低头，没有一个人讲话；渐渐地，眼泪开始流下来

（二）环节二：在家长群里告知周末布置这一作业的目的

设计意图：让妈妈们对孩子的行为有所准备，同时又有所期待。让她们意识到孩子的行为举动是老师安排的，不要因为孩子"不务正业"而去责备孩子，观察孩子的变化，并记录孩子的成长。给孩子时间去展示自己的爱。同时，她们也有机会根据孩子的表现，准备好自己想要表达的内容，反思自己对孩子的学业要求是否合理，对孩子的成长是否给予了足够的宽容。

图2 跟家长讲述发布此项活动的背景和原因

图3 老师说完活动意图后家长的反馈

（三）环节三：及时提醒孩子完成作业和查看孩子上传作业情况并及时反馈

设计意图：由于中国人会比较含蓄地表达爱，处于叛逆期的初中生更是在生活中难以启齿。即使他们完成了这个任务，但还是有部分孩子不好意思上传作业情况。有的孩子比较纠结，到底做还是不做。老师会再次提醒，让孩子下定决心，上交自己的作业。下面就是一个例子，中午提醒完，下午孩子就把作业交了。

图4　中午11点59分拜托家长提醒　　　图5　下午6点孩子交作业的凭证
　　　孩子完成妇女节的任务

五、活动效果与总结

周末结束后，老师收到了孩子们各种各样的作业，孩子们奇思妙想，用自己特有的方式表达对妈妈的爱。有的孩子是为妈妈做顿饭、有的孩子做家务、有的选择为妈妈洗脚、有的是陪妈妈逛街、有的是为妈妈做手工、有的是为妈妈写封信、有的孩子是用零花钱为妈妈买束花、有的孩子用压岁钱为妈妈买条裤子、有的孩子是为妈妈读首诗、有的是为妈妈创作一幅画等。形式不一，但传递的主题都是相似的，不管男生还是女生，挑战了第一次，试图用自己特有的方式表达对妈妈的爱。爱无言，行动有声（见图6至图9）。

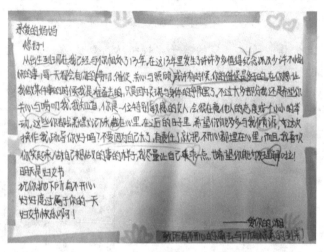

图6　一个叛逆的小女孩写给妈妈的信，孩子妈妈曾多次因为孩子不听劝导，向笔者求助

图7　学生在母亲节交的作业，他自己认为这是目前为母亲做得最好的一次煎蛋

图8　小女孩帮妈妈刷碗的情景，她深刻体会到母亲的不易

图9 孩子们的母亲节作业

孩子们用自己质朴的语言，表达对妈妈的爱。没有华丽的辞藻，字字都是肺腑之言，简陋的手工和初次的饭菜都传达着对母亲的爱，每一次尝试都是跨越。

家长行动：家长们除了给予此次活动很高的评价（见图10），她们在被孩子感动的同时，也敞开心扉，跟孩子促膝长谈。她们了解到孩子学业的压力、学习的辛苦。她们也真切地感受到其实孩子是爱自己的，只是有时候，这种爱总是被外在的各种条件所限制。她们认识到亲子关系才是永久的，成绩只是暂时的，孩子幸福快乐地成长才最重要！

图10　家长的反馈

　　初为人母，初为孩子，大家都是第一次。当我们放下戒心，放下所谓的欲望和名利，带着真诚去沟通时，所有的矛盾就都烟消云散了。

　　作为孩子，如果读过龙应台的这段话"我要求你读书用功，不是因为我要你跟别人比成就，而是因为，我希望你将来会拥有更多选择的权利，选择有意义、有时间的工作，而不是被迫谋生。当你的工作在你心目中有意义，你就有成就感。当你的工作给你时间，不剥夺你的生活，你就有尊严。成就感和尊严，将带给你快乐"，或许就能明白父母当时的做法。若干年后，当一个人回首童年往事，突然发觉当初的自己是那么倔强，其实不该轻易耍小脾气。许多年后，我们会发现，母亲撑起的那把伞遮挡了人生多少的风雨啊！

　　身为父母，我们一生所求，无外乎孩子平安健康喜乐。就像作家刘瑜写给女儿的信《愿你慢慢长大》中所讲的那样："愿你有好运气，如果没有，愿你在不幸中学会慈悲/愿你被很多人爱，如果没有，愿你在寂寞中学会宽容/愿你一生一世每天都可以睡到自然醒。"爱就在点点滴滴中。

下 篇

亲子成长类

校外生活技能类

"花"样地图

——亲自设计植物游览地图活动

深圳市坪山区中山中学　王思浩

一、活动目的

1. 增强亲子沟通

在自然氛围轻松舒适的环境下，有助于提高沟通的效率，平等的合作关系有利于拉近亲子年龄上的距离。

2. 激发孩子内在潜能

活动环节包括户外运动、植物鉴别、标本制作和地理绘图等，提高孩子的创造力，接触多学科知识，还能锻炼身体，实现全面发展。

3. 积极的情感教育

在培养孩子环保意识之余，也为少年们的冒险精神找到一片土壤，走出虚拟，走入现实，在真实的生活中感受一草一木，观察曾被忽略的那些角落，感受自然之力和幸福生活。

二、理论依据

人文主义教育家拉伯雷主张受教育者应该走到大自然当中，直接学习自然知识。捷克著名教育家夸美纽斯主张教育应该符合一种"自然适应性"原则，认为儿童的成长如同自然界的植物、动物一样，要顺其自然，符合自然的规律。卢梭是自然主义教育的巨擘，他从人的自然本性出发，强调顺其自然与主体的自由性。道家认为"为学日益，为道日损"，一个人的成长要遵循一种自然而然的法则，向自然学习。

中西自然主义教育虽然有所不同，但毫无疑问的是，自然主义教育应该是教育发展始终坚持的一个原则。

三、活动准备

（1）下载相关软件，初步了解植物知识，最好能对基本植物进行简单分类，查找社区地图。

（2）准备相关的彩笔和贴纸等绘图用具，也可以使用电脑作图（见图1）。

（3）观察居住地附近环境，找寻安全且植物丰富的公园或者山林田间作为目的地（见图2）。

图1　中山中学初三5班学生户外收集资料整理

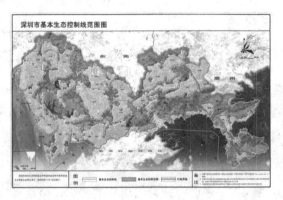

图2　以"深圳绿化生态红线范围图"为例

四、活动过程

（一）环节一：查找园区地图，熟悉园区

在家长的帮助下选择合适的地点，建议先从身边居住环境入手，寻找熟悉的花园或者公园，可以独自前往周边锻炼独立能力，远途有家长陪同更安全。

尽可能确定园区的基本结构，可以通过物业咨询小区，可以通过搜索引擎或地图应用程序查找公园，还可以在公园或小区内寻找信息中心。

设计意图：在不增加实施难度的基础上，从熟悉的环境入手，逐步通过有规律的方式和方法，积累常见花卉等植物的知识，基本熟悉小区园林花卉。园区地图在网络发达的时代唾手可得，地图可以帮助年纪较小的孩子尽快掌握平面空间概念，方便孩子对整个园区布局有一个了解（见图3）。

（二）环节二：亲子实地记录

到小区园林或公园内拍照记录，登记植物特性和位置，有条件的可以收集制作标本，有能力的可以绘制插图。

利用软件等资料确定好类别品种。常见软件推荐：植物大师、植物百科、植物识别、植物智、植物知道。

图3　中山中学附近小区园林网图

设计意图：既走进植物的世界，也走进植物的科学世界。在学习自然知识的同时，也锻炼孩子的整理能力、分类能力和记录能力。在好奇心的驱使下，在父母陪伴下完成记录员的任务。走出房门发现自然的美，走出电子游戏，发现更多的魅力。

（三）环节三：**绘制地图**

要学习地图方面的知识，首先要建立对地理知识的基础理解。可以阅读地理学科相关的教材、参加地理课程或者自学地图符号，区域规划符号。

学习地图方面的知识，需要掌握一些地图制图技能，比如如何使用地图制图软件、如何绘制地图、如何解读地图符号等。

阅读地图需要掌握一些方法，比如如何识别地图上的符号、如何将测量距离转换为单位距离、如何判断方向并且清晰地表示出来等。

亲子可以通过网络共同参加相关的培训课程或者家长自行学习后教授孩子来掌握这些技能。结合学习理论知识，进行实践练习。可以通过组合已有的资料制作成简单地图并添加标本和绘画插图。推荐绘图软件：百度地图编辑器、高德地图开放平台、谷歌地图编辑器、ArcGIS Online、QGIS。

设计意图：孩子尤其是低年级的孩子，利用绘画的方式表达情感记录生活要远远方便于文字，绘画是观察孩子非常好的方式。绘制地图需要联系生活实际，通过解决各种实际问题，了解地图上的方向、比例尺和注记等。在这个过程中，孩子和家长以合作的形式进行观察、讨论和实践，学会运用地图，加强阅读地图、使用地图等基本技能的训练，培养空间概念，这些是提高综合素质的重要内容之一。

五、活动效果与总结

在制作地图的过程中，孩子们和家长一起走遍了公园或小区花园的每个角落，寻找各种设施和植物。亲子细心观察每一处细节，记录下每个设施的位置、名称、功能以及每种植物的名称、特点和分布情况。孩子们展现出了极大的热情和耐心，不厌其烦地记录下每一个细节，还展现出了极强的创造力，他们把自己对公园或小区花园的理解融入地图，用自己的语言和方式来描述每处设施和植物，让地图变得更加生动有趣。孩子们的想象力和创造力让地图生发出无穷魅力，打破常规与框架的束缚，一幅幅独一无二的作品呈现在眼前。自然的力量让孩子的创作思维丰富而细腻，这是一个很奇妙的过程。

通过这个亲子活动，可以感受到亲子一家人其乐融融的氛围，家长和孩子们的关系得到了更深层次的升华。活动让家长更加关注孩子们的成长和发展，让家长更加珍惜和孩子们一起度过的每个时刻。亲子在一起探索公园或小区花园的过程中，不仅仅是在制作地图，更重要的是在互动中获得更多的沟通和理解。

参考文献：

［1］施致良.中小学劳动与技术教育教学案例专题研究［M］.杭州：浙江大学出版社，2005.

［2］叶彩玲.小学语文课堂教学与劳动实践教学的有效融合［J］.华夏教师，2022（14）：3.

巧心烹五味，我是家庭营养师

深圳市坪山区新合实验学校　黄嘉莹

一、活动目的

（1）展示新时期文明家庭的新风采，促进家庭亲子之间的沟通及和谐发展。

（2）共同学习专业的营养健康知识，了解食物中的主要营养物质，理解食物在人体中的消化过程，了解居民平衡膳食宝塔的基本原则，培养孩子的健康意识。

（3）培养孩子认真做事、勇于创新的态度，在积极参与中体验家庭合作的快乐，并体会父母的辛劳，学会体贴父母。

二、理论依据

（1）家庭教育对孩子的影响是深远的。厨房就像一个多媒体教室，里面暗藏着各种文化，这里既是家庭习惯的传承，夫妻、亲子之间的交流场，也是分享与互助的地方。做饭时，孩子不仅能感受到付出汗水后收获的甜蜜，还能感受到家人的鼓励和支持。

（2）任务驱动型活动让孩子们在体验实践和感悟问题的情境中，主动建构、实践、思考、应用，提出方案、解决问题。将任务驱动法实践于家庭活动中，有利于发展孩子智慧，深化亲子合作，增强孩子在家庭中的主人翁意识，促进亲子互相了解，帮助学生提高家庭事务参与度，体验家庭中的情感交流。

三、活动准备

（1）场地布置：在教室中进行学习活动，在家庭中进行实践活动，并在校内进行展示分享。保证家庭厨房干净明亮，记录孩子准备营养餐的全过程。

（2）活动环节：一、"营养知多少"步骤以班级为单位进行，由主持人（班主任）介绍。二、"制定家庭食谱"。三、由孩子与家长共同参与完成"制作一份营养餐"，建议家长注意记录及保障厨房安全。

（3）安全措施：在环节一及环节三中都需强调活动过程的安全。在环节一中，主持人需强调活动过程中的安全注意事项；在环节三中，家长注意安全隐患的排查。

（4）特定物件准备：纸笔等调查记录准备；摄像拍照设备；电脑、书籍等营养知识来源。

四、活动流程

（一）任务一：营养知多少

在班级中帮助孩子们认识食物中的主要营养物质，理解食物在人体中的消化过程，了解居民平衡膳食宝塔的基本原则，了解关于食物相克的知识。

了解糖尿病、高血压、湿疹期等常见病的饮食宜忌（见表1和图1）。

表1　部分食物的营养物质

	食物来源	作用
糖类	谷类、根茎糖、葡萄糖等	最重要的功能物质
脂肪	瘦肉、鱼、蛋和豆类等	储备能源物质
蛋白质	蛋黄、花生、豆类和硬果类食物	由20种氨基酸组成

续 表

	食物来源	作用
维生素	动物肝脏（维A）、谷物（维生素B）、鱼肝油（维生素D），肉类、蛋类（维生素B）等	通过从食物中获得微量有机物质来维持正常生理功能
无机盐	盐（钠），牛奶（钙），蔬菜、坚果（镁），海带（磷、铁），肝脏（铁），肉类（锌），鱼虾（铜）等	通过从食物中获得微量无机物质来维持正常生理功能

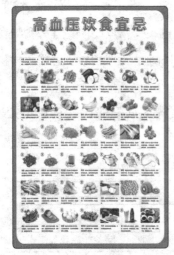
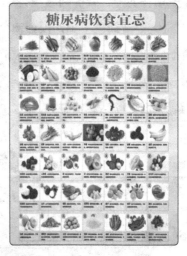

图1　食物宜忌

设计意图：帮助孩子为后续制定家庭食谱环节做好基本的知识准备，也为后续了解家庭成员饮食习惯和注意事项做准备。

（二）任务二：制定家庭食谱

根据家庭成员的不同特点（年龄、饮食习惯、体质等），思考应该如何改善饮食情况，做到荤素结合、粗细搭配，力求营养均衡（见表2）。

表2　家庭饮食调查表

成员	年龄	体质	饮食时间	偏好食物	饮食建议
爷爷/外公					
奶奶/外婆					
爸爸					
妈妈					
我					
弟弟/哥哥					
妹妹/姐姐					

设计意图：在调查中，增进亲子之间的感情，帮助孩子了解家庭成员。家庭食谱的设计能促进孩子思考、激发孩子的智慧、促发孩子对家庭成员的关怀。

（三）任务三：制作一份营养餐

1. 调查采购

家长与孩子一同前往菜市场，调查记录所需营养食材的价格（见表3）。

表3　购买食材和价格

食材	价格

2. 活动过程

确定一种营养餐的所需蔬菜及烹饪方式；搜索餐食制作过程，与家长合作或独立制作营养餐（见表4）。

表4　爸爸的营养餐

	菜例	菜品特征	耗时	花销
针对爸爸（例：需要补充维生素C）的情况，我将制作西红柿炒鸡蛋。	（例：西红柿炒鸡蛋）	（例：西红柿富含维生素C，色泽鲜艳，酸甜爽口，色香味浓，可增加食欲）	（例：15分钟）	（例：西红柿4元，鸡蛋2元，葱花1元，合计7元）
制作过程				
1	准备食材。鸡蛋3个、中等大小西红柿2个。盐1克、糖2克、食用油适量			
2	将鸡蛋去壳打散、西红柿切小块备用			
3	锅中倒入适量底油，油热之后，倒入蛋液			
4	待鸡蛋稍稍凝固炒散后，把鸡蛋推到一边。然后放入西红柿，煸炒均匀			
5	往锅里加少许糖煸炒均匀，然后大火收汁			
6	最后关火，放盐翻炒均匀即可装盘			

设计意图： 通过实践培养孩子的动手能力，理解父母为自己烹饪营养饮食的辛苦。通过厨房合作，实现亲子互助。

（四）任务四：交流共评

在项目活动结束后，孩子们调查、收集、记录家庭成员对于营养餐的评价与建议（见表5）。

表5　家庭营养餐的评价与建议

	爸爸评价（5星为满分）	改进建议
针对爸爸的菜例		

续 表

	妈妈评价（5星为满分）	改进建议
针对妈妈的菜例		

	妹妹评价（5星为满分）	改进建议
针对妹妹的菜例		

设计意图：通过对营养餐的评价与建议，有效回应孩子对于家庭营养结构细致地考虑和安排，鼓励孩子更多地了解营养与健康饮食，并主动照顾家庭成员健康情况。

（五）任务五：展示分享

以自愿为原则，同学们在学校、班级中，利用图片、手抄报、视频等方式分享：（1）自己设计的家庭食谱；（2）食材价格；（3）制作营养餐的过程及评价；（4）口头分享每一环节中自己的感受与收获。

分享结束后，班主任进行总结（见表6）。

表6 活动感受

任务	我的感受与收获
任务一：营养知多少	
任务二：制定家庭食谱	
任务三：制作一份营养餐	
任务四：交流共评	
我最喜欢的任务是：	
我收获最大的任务是：	
我希望未来我将：	

设计意图：通过展示与分享，培养学生的表达能力，进一步夯实每

一环节所了解的知识（营养、食材、烹饪过程等），深入体会家庭中的关怀与爱。

五、活动效果与总结

陶行知先生说"生活即教育"，教学不能脱离生活。联系孩子的生活，"食"是最基本的话题，制作营养餐活动不仅能让孩子关注健康成长，还能体验家庭角色，学会健康愉悦地、自由而负责任地、智慧而有创意地生活。

"巧心烹五味"这一活动为亲子提供了一个合作交流、和谐共进的平台。以项目式活动，促进家长与孩子对于营养健康的重视，帮助孩子承担家庭成员的角色，学会了解、关心家人的健康状况。

该多任务型项目活动对孩子的总结归纳能力、思考动手能力、语言表达能力要求较高，需要首先总结不同人群所需的营养结构，思考组合，再动手烹饪。营养均衡的不断改进需要长时间才能看到效果，但活动本身有助于提高孩子的健康意识。

巧手剪精彩　喜迎新一年

深圳市龙岗区宝龙学校　宋志航

一、活动目的

此次"巧手剪精彩，喜迎新一年"的活动，恰逢春节将近，旨在通过剪纸活动增进父母与孩子之间的相互交流，提升亲子关系。同时，通过此次活动，提高学生的动手操作能力、资料收集与整理能力，发掘学生的创造性思维（即数学思维），也让学生了解我国的春节文化，构建学生对我国文化的认同感与自豪感，增强文化自信，促进剪纸等非物质文化遗产的传承与发展。

二、理论依据

（1）美国实用主义教育创始人杜威提出，教育即生活、教育即生长、教育即经验的改造。生活的过程、生长的过程、教育经验改造的过程，就是学生接受教育成长的过程。

（2）剪纸所表现出来的科学道理、人文知识和人生理想等都能潜移默化地使人受到教育，具有伦理教化功能。

（3）剪纸是一种历史文化积淀悠久、深厚的文化传统。中国剪纸千年经久不衰的传承，既是人类文化遗产历史上的一个奇迹，也是值得我们去传承与发扬的特色文化。

三、活动准备

（1）收集有关春节剪纸的资料。

（2）确定需要裁剪的图案。

（3）裁剪装备：剪刀、剪纸、胶水等。

四、活动过程

（一）环节一：查阅资料，确定图案

在剪纸活动开始前，家长可以动员孩子去查阅相关资料，了解剪纸的相关文化、春节剪纸的吉祥寓意等，并从中确定此次活动要裁剪的图案。孩子确定所需的制作材料后，家长去购买，以备使用。

设计意图：让孩子去查找资料，了解我国有关春节的文化，既可以锻炼孩子的资料收集汇总能力，又可以丰富知识储备。父母同时去准备相应材料，让孩子觉得事情分工明确，会大大提高做事积极性。

（二）环节二：巧手剪精彩

待准备工作完成后，全家利用周末时间进行剪纸活动。结合网上教程，父母与孩子先从最基础的图案开始，一起探讨一起操作，裁剪过程中注意安全使用剪刀，避免割伤。经过初期裁剪之后，再一起结合本年生肖动物兔子的特点，制作更具新年特色创意的剪纸作品。作品制作完成后，全家一起打扫卫生，恢复干净整洁的家庭环境。

设计意图：在这个探讨剪纸的过程中，既促进了父母与孩子的沟通交流，增进亲子关系，也锻炼了孩子的动手操作能力、创新能力。同时，剪纸反映出孩子对对称、等分等知识的具体掌握程度，通过具体操作，能够让孩子对相关知识的理解得到进一步深化。

（三）环节三：剪纸张贴，喜迎新一年

春节即将到来，父母跟孩子选择优秀的剪纸作品并在家里张贴，迎

接新一年的到来，并对孩子的努力和付出做出积极的评价。

设计意图：看到自己的劳动成果得到认可，并作为贺岁作品张贴，孩子的自豪感会油然而生，也在一定程度上提高了他对活动的兴趣，利于今后类似活动的进行。

（四）环节四：劳动收获分享

家庭内部开个总结会，大家分享对这次活动的收获，对于准备不足的地方要及时指出，并提出合理化建议，便于下次更好地开展类似活动。

设计意图：让孩子学会发现，善于总结，并用自己的语言表达，锻炼活动组织和总结的能力。

五、活动效果与总结

为了这次活动的顺利开展，在结合孩子心理特点的前提下，选择了他们感兴趣的手工活动，从资料的收集、活动的选材、图案的设计，到活动各个环节的要点上，都让孩子先做整理，让家长相应指导小细节，遵循了以孩子的发展为主的原则，对于孩子的成长具有积极意义。而且在活动过程中，孩子的创新意识会得到极大的发展，作品往往会让我们耳目一新，对于孩子自信心的提高具有积极作用。更重要的是，此次亲子剪纸活动的开展，一是可以让孩子了解民间剪纸的艺术美，增强内心的民族自豪感，有益于非物质文化遗产的传承与发展；二是我们在生活中也要学会培养孩子的观察力与创造力，提升他们的创造能力和动手能力，同时也可以通过开展类似活动，增进亲子关系，创建和谐的家庭氛围。

参考文献：

郭宪.中国剪纸艺术欣赏与实践［M］.北京：地质出版社，2005.

亲子下午茶烘焙活动

深圳市坪山区中山中学　王思浩

一、活动目的

亲子实践型活动让平日忙碌的家长，慢下脚步，在家庭生活中，享受一段亲子陪伴的时光。居家活动除了亲子阅读、亲子游戏，还有手工型活动，比如耕种养殖、制作节庆装饰、亲子烘焙等。其中，烘焙能够启发孩子丰富的想象力，帮助孩子建立合作意识，使孩子学会耐心等待，最重要的是成品能带给孩子成就感。

二、理论依据

亲子活动主要是以亲缘关系为基础，以孩子们跟家长的互动游戏为核心内容，全方位发展孩子的多种能力，它是帮助孩子们初步完成自然人向社会人过渡的一种活动。

体验式教学让孩子在还原出来的真实场景中发现并解决一些问题。体验式教学利于探索问题、学习知识、交流情感、助力成长。

三、活动准备

1. 了解糕点历史及其演变

谈起蛋挞，大家都知道赫赫有名的葡式蛋挞。作为葡萄牙标志性的美食之一，葡式蛋挞是对"嗜甜星人"的最好犒赏，在里斯本的大街小巷都能买到。新鲜出炉的蛋挞，挞皮酥脆十足，入口即化的蛋黄香甜浓郁，控制得当的焦糖甜而不腻，令人唇齿留香，回味绵长。

2. 准备相关的食材和工具

蛋挞材料（见图1）：

基本材料

蛋挞皮外面可以买的（9个）

低筋面粉6g

淡奶油85g

牛奶70g

蛋黄2个

糖25g

图1 网络常见蛋挞配方

3. 寻找合适场地，合理安排时间

烘焙活动难度不大，为避免工序过程中出现卫生问题，所以需要宽敞干净的场地。

四、活动过程

（一）环节一：采购材料，丰富口味

采购一些辅助性调味产品，如奥利奥饼干以及饼干碎、奶茶店的成品芋泥和珍珠、块状巧克力、可可粉、咖啡粉、抹茶粉、草莓粉等。将材料备足，清洁出足够的空间，摆好仪器便于孩子施展（见图2）。

图2 多味蛋挞半成品材料

设计意图：在整个烘焙过程中孩子可以接触、认识各种烘焙器皿。例如，小朋友可以了解到常吃的蛋挞所包含的各种材料，这个过程充满乐趣。

万全的准备能够大大提高成功率。家长要提前从网上收集好资料，准备好用品，最好添加孩子喜欢的口味和丰富的配料以及多样化模具。

（二）环节二：学习相关知识

蛋挞起源：相传蛋挞的起源跟热罗尼莫斯修道院息息相关。葡萄牙自由革命后，自1834年开始，所有修道院均被关闭。热罗尼莫斯修道院的修女为了生存，尝试着制作一些甜品，然后在附近的甘蔗提炼厂出售。没想到这些甜点迅速被人们接受，成为当地的美味。

制作方法：

（1）将淡奶油、牛奶、糖搅拌均匀，加热至糖完全融化，放凉后加入蛋黄。

（2）加入低筋粉，搅拌均匀。蛋挞液制作完成。

（3）把弄好的蛋挞液倒入蛋挞皮内至七分满。

（4）装入烤盘，放入约热好的烤箱中。烤箱210℃，烤25分钟。

设计意图：升华主题，让孩子对科学历史产生好奇心，走入科学甜品世界。学习是随时随地的，不是一定要摊开书本正襟危坐。烘焙技能实用性高且难度低，可以作为一项长期爱好，如果学习得较为精深就能终身从事该行业。

（三）环节三：制作个性化甜品

准备好所需的材料和工具后，让孩子们了解用途。接着，开始准备挞皮，冷冻的半成品可拿出直接使用。然后制作蛋挞液，混合淡奶油、牛奶，可以直接加入糖，也可以微微加热牛奶使糖完全融化，放凉后加入蛋黄，搅拌均匀，蛋液变成淡淡的黄色。在制作蛋液的过程中，教孩子们需要注意卫生，洗净所有的工具，尤其是搅拌器和碗。然后，把面皮放进蛋挞模具里，用叉子在面皮上叉几个小洞，防止蛋挞碎裂，使其受热更均匀，然后倒入蛋液。孩子们利用材料制作了不同的口味，如原味、巧克力味、草莓味、奥利奥味、香芋味、珍珠奶茶味等。最后，把蛋挞放进烤箱里约烤25分钟，直到酥皮呈金黄色即可。在整个活动中，一定要注意卫生清洁工作，认真清洗工具，蛋液黏度很大，时间久了很难清洁（见图3）。

图3 中山中学学生制作芋泥奥利奥草莓珍珠椰果蛋挞

设计意图：实践活动最重要的就是自己动手做，对于孩子表现出来的学习和劳动热情，家长们一定支持和引导。擀面、压模、成型、选料等环节，让孩子体验劳动的乐趣，收获满满成就感！（见图4）

图4 中山中学学生个性蛋挞成品

（四）环节四：分享成品，品尝美味

制作的美味不仅可以当时享受，还可以与亲人朋友分享，也可以拍摄照片作为特别回忆，还可以整理成私家烘焙"秘籍"（见图5）。

图5　中山中学学生蛋挞包装

设计意图：不要吝惜对孩子的赞美，鼓励的力量要多于批评，效果才会更好。这对孩子的社交性格也会产生正面影响。

五、活动效果与总结

定制美味，证明自己的劳动能力，这就是烘焙的乐趣！而亲子烘焙具有更多的意义，它不仅仅在于吃，更重要的是大人和小孩齐动手，在面包、蛋糕等甜品浓香的围绕中，用手心的温度去烘焙出幸福的美味。

1. 活动前必须准备到位，精心考虑细节

活动前的准备工作是活动成功的关键。我们需要提前制订详细的活动计划，包括活动内容、所需材料、活动时间等，确保活动顺利进行。同时，我们需要考虑到每个小细节，除活动场地的清洁和整齐之外，用具的准备和摆放也要尽可能分散，最大限度地降低孩子的操作难度。这些细节都需要我们提前考虑和安排，越是周全的准备，环节越是流畅，亲子也会收获更多。

2. 活动过程中观察孩子的状态

在活动过程中，家长需要密切观察孩子的状态，看看他们是否沉浸在活动中，是否有困难需要帮助。如果发现遇到困难，我们需要及时给予帮助和指导，以确保他们能够顺利地完成作品。同时，我们也需要保持良好的沟通，克制不良情绪而多多表扬，让孩子感受到我们的关爱和支持。

3. 接受意外，实为惊喜

在活动中，有时会出现一些惊喜和意外，如孩子们发挥出色、积极制作糕点等。这些意外的收获能让我们更好地感受到活动的意义和价值。

孩子是动手能力很强的群体，遇到感兴趣的项目，他们会很开心地劳动，最后品尝劳动果实，树立自信。和爸妈或其他亲人合作，互相帮助、共同分享，这样的互动体验对于他们而言意义非凡。

参考文献：

[1] 杨继全. 体验性教学模式理论依据及实施策略探究 [J]. 长春理工大学学报，2012，7（11）：164～165.

[2] 于海林. 体验中学习 快乐中成长——小学英语体验式教学的必要性 [J]. 教育，2015（19）：247.

劳动说明书

深圳市坪山区同心外国语学校　刘蓝茵

一、活动目的

（1）帮助孩子与家长一起承担家务劳动。

（2）实现家庭成员在劳动过程中的交流与互助，使学生充分体会到劳动的不易与劳动成果的珍贵。

（3）培养学生的劳动技能和感恩的心。

二、理论依据

（1）教育部在《大中小学劳动教育指导纲要（试行）》中提出：要全面提高学生的劳动素养，使学生树立正确的劳动观念，具备基础的劳动能力，培育积极的劳动精神，养成良好的劳动习惯。

（2）马克思提出：劳动是整个人类生活的第一个基本条件，它既是人类社会从自然界独立出来的基础，又是人类社会区别于自然界的标志。

（3）德育是培养学生的重要方面，其中包含了劳动教育部分。

三、活动准备

（1）结合自己的劳动经历和擅长的劳动项目，选取其中一项为本次活动的目标任务。

（2）提前查阅相关资料，或询问家人，准备好劳动工具和相关清洁剂。

（3）通过多种渠道，提前查找相关劳动项目的处理方法，有针对性地提出解决方案。

（4）纸、笔，记录问题，随时进行经验总结。

四、活动过程

（一）环节一：召开家庭会议，分配任务

（1）根据家庭今日需要完成的家务劳动，列好项目清单。

（2）召开家庭清洁筹备会议，明确分工。

（3）既可以通过抽签的方式随机决定，也可以由每位家庭成员根据自己的喜好或专长，申请承担某项任务，其他成员投票决定是否通过。

（4）最终形成任务清单。

设计意图：通过召开家庭筹备会，激发学生的参与热情和责任意识。大部分孩子在家不愿意参与家务劳动，一是因为家长规避了他们承担家务劳动的需要，二是青春期的小孩大多不愿被动地接受安排。用这样平等的对话方式，让孩子拥有自主选择的权利，从而激发他们完成这项家务劳动的热情和责任，以便后续活动更好地展开。

（二）环节二：了解劳动方法，购买劳动工具

（1）确定好各自的分工之后，每个项目承包员有半小时左右的准备时间。

（2）准备工作包含购买劳动所需的清洁工具如各类清洁剂等。

（3）如有需要，可以通过向有经验的家人请教或上网搜索处理方法，了解更好地完成该项家务劳动的诀窍，并在劳动实践中检验。

设计意图：磨刀不误砍柴工。充分的准备有利于提高学生解决问题的能力，同时避免在劳动中由于缺少经验而萌生挫败感，通过有效的成

功经验来激发学生的劳动积极性，也通过这个过程落实培养学生基本劳动能力的目标。

（三）环节三：完成劳动任务，交叉检查评比

（1）做好一切准备工作以后，就可以投入家庭劳动中。

（2）各个成员根据自己的承包项目，到达指定"战场"。

（3）结合自己环节二中所查找到的资料，合理应用劳动工具，完成清洁工作。

（4）率先完成后，记录下自己完成清洁所用的时间以及劳动过程中的清洁要点，等待其他成员都完成清洁工作以后，结合时长以及清洁完成度进行交叉检查和星级评价，两项综合最优者得到事先约定的奖励。

设计意图：任何一项活动都要有成果展示和评价的环节。通过对时长与清洁度两个标准的考量，考查劳动投入程度与熟练程度。按照约定给予奖励，从而进一步激发劳动自主性。

（四）环节四：总结技巧，形成说明书

（1）学生通过查看自己劳动过程中的要点记录，总结完成该劳动项目的流程和诀窍。

（2）通过文字或图画的形式呈现，成为该项劳动的"专家"。

设计意图：鼓励学生记录劳动时的心得体会，成为可供家庭成员集体参考和使用的"劳动说明书"，有利于提升学生的劳动价值感和幸福感，为后续他们持续地参与家庭劳动打好基础。

（五）环节五：成果展示

劳动说明书完成后，可由家长分享至朋友圈，邀请亲朋好友共同来评价、点赞，甚至可以为其他家务承担者提供经验。也可以带到学校，利用班会课展示，让学生上台分享自己的劳动过程、心得，交流分享高效有用的家务清洁方式。对学生票选出的最有帮助的说明书创作者进行表彰和奖励（见图1和图2）。

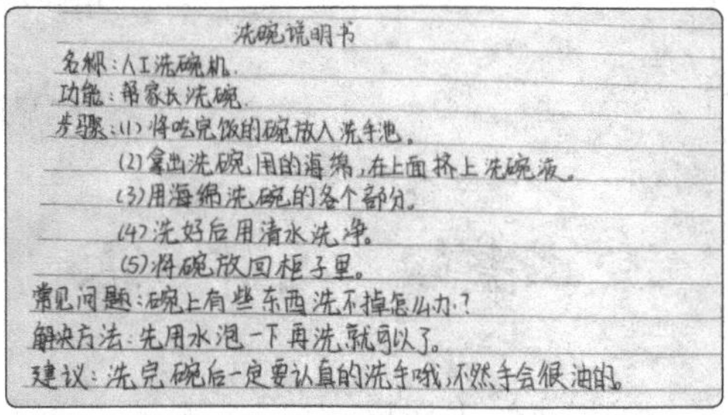

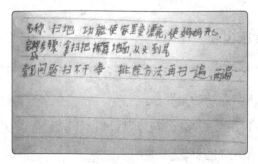

图1 学生的劳动说明书（1）

图2 学生的劳动说明书（2）

五、活动效果与总结

通过此次活动，家长们纷纷在朋友圈晒出了孩子们写的说明书，不少家长调侃专家们初出茅庐便大显神通，孩子们也在分享中注明了特别的注意事项，真正掌握了一门劳动任务背后所需要的技能。在后续的学校劳动中，结合孩子们的分享进行分工，明显感受到他们对劳动任务的积极性大幅提高。此外，经过实践找到的解决问题的窍门，能极大地提升学生的劳动效率，增强他们的成就感，通过交流和分享经验，也可以进一步完善各自的作品，使其影响到更多的小伙伴。多开展劳动类的亲子活动，不仅能有效缓解亲子的紧张关系，使家长感受到孩子的成长，减轻家庭成员的家务劳动负担，也能将劳动教育落到实处，提供多样的劳动契机和平台，促进学生的全方位素质发展。

爱上整理，自律成长

深圳市坪山区中山中学　陈克娜

一、活动目的

（1）通过家庭会议，父母和孩子各抒己见，让孩子意识到在生活学习中学会整理与总结的重要性。

（2）父母和孩子一起探讨整理区域设计图的合理性，帮助孩子形成做事之前要有规划的意识。

（3）亲子间各自整理所属区域，互相评价与监督，父母做好榜样，让孩子体验整理后的成就感。

（4）父母陪伴孩子一起学会整理并爱上整理，帮助孩子在初中求学阶段养成良好的整理习惯，培养其独立解决问题的能力。

二、理论依据

心理学家勒温的"生活空间理论"认为：生活空间就是我们自己行为发生的心理磁场，构成生活空间的要素是人和环境，而这个环境只有同我们自己的心理结合时才能起到作用。

三、活动准备

（1）问卷评估：设计调查问卷，了解家长和孩子在家是否有整理房间的习惯，了解孩子的自理能力如何等，保证活动的顺利开展。

（2）活动安排：安排家庭会议时间，准备做整理规划图的白纸与笔，划分亲子不同的整理区域，备好抹布等清洁工具。

（3）宣传鼓励：通过家长会、倡议书等形式，向家长介绍活动的目的与意义，鼓励家长携孩子积极参与，给孩子做好榜样，并督促孩子养成良好的整理习惯。

四、活动过程

（一）环节一：家庭会议，聊聊整理

1. 召开家庭会议

家长和孩子商讨为迎接朋友所需要做的准备，提出要收拾并整理家里的想法，希望孩子能与自己一起整理家里的各个区域。

2. 各抒己见

家长和孩子发表自己对"整理"的见解，比如"整理要做减法，没用的东西及时清理"；"整理要重视收纳，可以节约空间"；"整理要强调分类，方便寻找"；"整理要经常，形成一种习惯"等。为了让孩子与父母一起进行的整理过程属于积极主动而且乐意做的行为，父母可以适当表扬孩子，肯定孩子的审美观。

设计意图：父母确定亲子活动的方式不是任务安排式，而是开展家庭会议，发表民主思想各抒己见，接着通过肯定孩子想法来激励孩子。这种方式能让孩子主动参与其中并培养责任感和主人翁的独立意识。

（二）环节二：区域分工，设计探讨

1. 划分整理区域

整理区域被分成客厅、厨房、书房、卧室和卫生间等几部分，每人负责的区域可用不同方式选择，如抓阄或让孩子先挑选喜欢的区域，如爸爸负责卫生间和客厅，妈妈负责厨房和主卧，孩子负责书房和自己的卧室。

2. 设计整理方案

整理方案可用纸笔形式简单地勾画说明，也可以现场比画说明，具体整理标准可以根据分类原则再细化为有条理、整齐且美观等。

3. 方案探讨与完善

家长和孩子将自己的每一部分区域整理的设计思路分享后，三人再探讨与调整，设计出最佳方案，也可以在整理的过程中有新发现和新生成的思路。

设计意图： 该环节为接下来的分工整理做铺垫。父母尊重孩子意愿，把选择的主动权交给孩子，能激发孩子的积极性。整理标准的设定其实是想给孩子一个参考思路，让孩子知道做任何事情都需要按照一定的思路和标准去规划然后再做，才能把事情做得更完美。而整理的分类原则是为了让孩子在初中甚至以后的学习中有这样的分类整理意识，不管是知识整理、错题整理或资料整理，分类的意识会帮助孩子保持思路清晰从而提高学习效率。

（三）环节三：动手整理，互相评价

1. 分工整理

每个人的整理细节有很多，比如卧室中衣柜的收纳，书桌与书架的"减负"，客厅各种摆件和家居用品的摆放，厨房各种食材与调料的分类等。每一处的整理都在分类原则的基础上体现整齐、美观的标准，同时长时间用不上的东西适当"减负"，该扔的扔掉，给生活做减法。

2. 亲子互评

亲子全部完成自己的整理区域后，要一起合作完成卫生的清理。在整理过程中扔掉的一些东西、擦拭下来的灰尘、用过的抹布等都需要处理，所以父母和孩子合作完成最后的整顿。全部完成后，家长和孩子互相评价对方整理的结果，父母尽量以表扬为主，同时给孩子充分的发言权来表达自己对父母整理结果的评价与看法。

设计意图：该环节是本活动历时最长的一部分，也是磨炼孩子耐心的一个环节。整理要分类，而且还要清洁，让最终的整理成果整洁又美观。没有耐心的孩子一开始可能比较积极，但后面较累时可能会有惰性，所以该环节能培养孩子的耐心。同时，看到整理后的成果会产生成就感，能给孩子以后的自觉整理行为起到正向激励作用。

（四）环节四：随手放回，每日检查

1. 整洁保持

全部整理好后，父母和孩子拍照记录并留念。但"爱上整理"这一活动并没有结束，父母和孩子要一起探讨整理后的成果如何维持，不能今天整理好了，明天东西又放得乱七八糟。家长和孩子要达成一种共识：拿起来用的东西，用完后要及时放回原处。这样不会破坏原来的分类和整齐，下次找东西也能提高效率。

2. 习惯检查

为了维持整理成果，家长和孩子协定每日一个固定时间段检查各个区域是否有明显变乱等情况，互相督促和整改，逐渐将整理变成一件好玩儿的、让人有成就感的事情。

设计意图：该活动的主要目的是让孩子养成良好的整理习惯，以适应今后学习生活中多而杂的事务。所以整理不是暂时的，整理后成果的维持也很重要。用过的东西用完随手放回是一种让事物不混乱的好方法或好习惯，也与学生初中阶段所学习的物理、化学、生物实验操作息息相关，这些生活技巧无疑都会应用到将来的学习中。

五、活动效果与总结

学生由小学进入初中阶段，意味着很多事情要脱离父母的帮助，学会独立。初中的学习科目、学习内容以及学习资料都比小学相应地增多，因此培养孩子整理、总结与归纳的能力和习惯很重要。

  "爱上整理"亲子活动是父母给予孩子充分民主与发言权的活动。活动的前期准备为活动的开展做了良好铺垫，保证了活动的积极进行。孩子在主动参与活动、选择整理区域、提出整理方案、记录整理细节、每日检查整理成果的各个环节中感受父母的不易与整理的意义，培养良好的整理习惯，为初中甚至以后的学习生活打下基础。父母在整个活动过程中，了解孩子的所思所想，给孩子做好榜样的同时，也能使自己养成良好的整理习惯，还能在活动中培养亲子间的感情。

参考文献：

卢晓华.借鉴勒温"生活空间"理论突破历史教学难点——以"卓而不群的雅典"为例［J］.中学历史教学，2019（10）：38～40.

旧家焕新颜

深圳市坪山区中山中学　任亚楠

一、活动目的

（1）掌握基本的卫生清洁生活技能，培养共建和谐美丽家庭的意识。

（2）提升合理规划家庭整洁的能力，为未来独立生活打下充分基础。

（3）搭建亲子团队合作共建的平台，营造亲子沟通的氛围，助推和谐家庭、和谐社区共建。

二、理论依据

（1）《中国学生发展核心素养》的需求。核心素养综合表现为人文底蕴、科学精神、学会学习、健康生活、责任担当、实践创新六大素养，而掌握必备生活技能是健康生活的一项要求。

（2）共享共建，建设特色社会主义新家庭。习近平总书记提出了和谐家庭要共享共建，而且要建设出符合中国自身实际的一个个特色社会主义新家庭。本次活动正契合了这一理念的倡导，是对这一理念的深刻践行。

（3）社会关系理论表明任何一个人都处在一个系统中，有微系统、中系统和宏观系统。家庭关系属于微系统，宏观系统指社会环境，本次活动正是在微系统中帮助学生掌握基本的生活技能，帮助其走进社会这个宏观系统。

三、活动准备

（1）物资预备：纸笔记录卫生清洁规划和可回收物品清单及利用方式，手工制作工具包，电子可摄像工具拍摄精彩瞬间和劳动成果。

（2）角色分工：根据家庭各功能区进行任务分工和谋划。

（3）时间规划：根据家庭整体卫生清洁周期进行本次卫生清洁时间预测和规划。

四、活动过程

（一）环节一：明确区域，任务分工

（1）家庭每位成员明确认识家庭各功能区划分，对各功能区卫生状况进行评估打分并拍照记录原始状态。

（2）家庭每位成员对各功能区打扫人员进行任务分工，相对较大的功能区可通过合作完成，同时用纸笔记录各功能区预计完成时间，最好用表格来体现（见表1）。

表1　任务安排

功能区	清洁人员	预计时间	完成情况
客厅			
卧室1			
卧室2			
卧室3			
厨房			
卫生间			

（3）家庭每位成员在完成各自区域任务后可协助其他成员继续完成任务。

设计意图：本环节让家庭成员在完成任务前了解家庭功能区和任务分工，培养每个家庭成员都要发挥活动作用的责任意识，同时培养各家庭成员未雨绸缪的能力，在完成任务过程中还需齐心协力，共同为家庭和谐奉献力量。

（二）环节二：废物循环，回收利用

（1）家庭成员上网查阅并学习废物回收的相关资料，提高废物回收的意识，并在前期整体卫生清洁的基础上再次查看是否有可循环利用的物品并进行列项。

（2）家庭成员思考所列物品如何在保证家庭整体美观整洁的基础上被再次循环利用。

（3）家庭成员合作对可回收利用的物品进行手工改造，对可回收物品进行改造前和改造后的对比拍照。

设计意图：在前期培养责任意识的基础上帮助家庭成员进一步提高循环利用认识，培养家庭成员节约利用自然资源和保护环境的意识，同时合作实施提高物品回收利用的技能，并将这些技能延伸到生活中的其他方面。

（三）环节三：拍照剪影，分享收获

（1）家庭成员对每个功能区的最终成果拍照，对比清洁前后照片，说说在实行任务中的感受和收获，并思考下次家庭日清洁活动的注意事项和可完善之处。

（2）家庭成员将所有图文资料进行电子分类汇总，包括每阶段任务完成表单、过程照片及本次活动的感受和心得，为下次家庭清洁日做准备和提供借鉴。

设计意图：总结活动和升华思想，并凝聚为最终成果，强化家庭日的概念，为下一次家庭日活动打下坚实基础，做好有利准备，为建设和谐家庭而努力。

五、活动效果与总结

本次活动以我们常见的生活技能类家庭卫生清洁为主题，共设置了三个环节的内容：第一环节划分功能区块和任务分工，这是卫生打扫的基本环节，本次环节设置的优势在于为了保证任务的完成而提前进行任务分工和时间预设；第二环节的设置符合新时代绿色、生态、环保的理念，在家庭这个小范围的区域内实践生态和谐的理念；第三环节进行任务的收尾，进一步强化本次活动的意义，为下次活动做好预设。

整个活动的设计可以是家庭日的活动，也可以通过周期性的亲子活动形式来实现，活动的时间和内容均比较宽泛，重点在于每个家庭成员在本次活动中都能有所感、有所悟，真正实践和谐家庭的理念。

本次活动的注意事项：（1）第一环节属于常规的家庭卫生清洁，容易走进家庭卫生打扫的误区，所以在进行活动的过程中一定要注意活动前的准备和策划，保证活动的有效完成；（2）第二环节是本次活动的亮点，但是也需细致谋划和认真对待，方能达到活动目的和意义。

收纳，让家更温馨

深圳市坪山区同心外国语学校 邱璐

一、活动目的

（1）通过现场示范教学、学习网络视频资料等方式，提高学生的基本整理与收纳技能。

（2）通过亲子共同思考整理与收纳技能，促进亲子分工协作，加强亲子良好沟通。

（3）通过提高学生的整理与收纳技能，提高学生家务劳动的参与度，创造亲子居家互动的和谐氛围。

二、理论依据

理代场域理论：所有的现场都无法单独抽出，是彼此相连、相互作用的，场域是一个巨大的网络。不管是物体、生命、意识，都因为彼此互动以及和场域的关系而存在。家庭的动态和氛围，可能会因为家里某一个人的行为的改变而发生微妙的转变，而这种转变又会反过来影响彼此，甚至发展成新的动态。学生的学习资料若是散乱无章，且易丢失，学生就无法连贯和巩固自己已习得的学科知识。家庭的生活物品若摆放混乱，也易给家庭成员带来不好的心理暗示。

三、活动准备

（1）学生分小组合作学习一些基本的生活物品整理技能，并在班级给其他小组做示范教学。

（2）制作整理收纳小视频2~3个。

（3）形成整理收纳问卷调查表。

四、活动过程

（一）环节一：小组分工，学习技能

教师将班级学生分成若干小组，每个小组选择一个主题（书籍类、衣物类、鞋类、化妆品类、常用电子产品类、厨房用品类）。小组成员邀请家长一起先收集关于该主题相关的整理收纳知识，并将整理收纳的好方法以现场示范或录制视频的方式在全班展示分享。

设计意图：通过提前让学生了解常用生活物品整理收纳的知识，引发学生养成整理收纳的好习惯。通过小组合作及家长参与展示，促进同伴合作、亲子合作，培养学生良好沟通协作能力，也让班级其他学生了解更多的整理收纳好方法。

（二）环节二：亲子共谋，提升技能

教师先通过网络问卷调查（问卷调查表如下表）的方式，确定家庭生活中最需要整理收纳的一个主题。

整理收纳调查问卷

亲爱的家长：您好，非常感谢您在百忙之中抽取时间参与我们的问卷调查，我们正在进行一项关于家庭收纳整理相关问题的调查，想邀请您用几分钟时间帮忙填答这份问卷。本问卷实行匿名制，所有数据只用于统计分析，请您放心填写。题目选项无对错之分，请您按自己的实际情况填写，谢谢您的帮助！

1.您在家整理收纳时是否会出现以下情况 ［多选题］ *
□经常找不到自己的常用物品

□会遗忘一些物品的存在

□物品虽然做了收纳，但是拿取不方便

□物品分类不清晰

2.您在整理时，以下哪些用品的收纳让您感到极为烦恼［多选题］*

□服装

□食品

□儿童用品

□厨房用品

□厕所用品

□打扫，洗涤用品

□文具，书本

□化妆品

□其他 _____

3.您购买过下列哪些产品［多选题］*

□衣物收纳箱

□杂物整理盒

□书架

□化妆品收纳盒

□置物架

□压缩袋

□其他 _____

4.您通过哪些渠道了解的［多选题］*

□书本，杂志之类的

□电视节目

□从亲戚朋友

□微信（公众号），微博之类的文章

□抖音、快手、B站之类的视频

□其他 _____

5.您希望通过收纳整理之后达到什么效果（多选）［单选题］*

○减少物品数量，提高生活质量

○结束一段旧生活，开始一段新生活

○找回生活和工作的掌控感

○高效管理时间，聚焦专注

○其他，请描述 _____

教师通过调查结果，发布亲子需要共同解决的问题。若调查显示，家庭生活中最需要整理收纳的是衣柜，则学生需要和家长商讨如何将家里的大衣柜做好整理收纳，并以海报或手抄报的方式给出具体的整理收纳方案。

教师收集学生家庭出具的整理收纳方案，并组织全班家庭投票选举出最佳方案（可依据方案的数量确定最佳方案的数量，一般按6%的比例确定最佳方案的数量）。

设计意图：学生通过与家长共同商讨家庭生活中最需要整理收纳的问题，促进亲子良好沟通及协作，并从中提升学生的整理收纳意识和技能。教师设置最佳方案的投票，激发学生与家长的参与热情。

（三）环节三：网络推广，分享技能

班级学生通过了解最佳整理收纳方案，在家与自己的父母一起做好居家整理，并将整理收纳前后拍照记录，再以发朋友圈、家庭群或小区群分享整理收纳技能。

设计意图：通过让学生将习得的技能运用到居家整理中，增进亲子间的沟通和了解。孩子在思考如何整理物品时，也会越来越了解自己的家。更重要的是，通过整理与收纳，可以培养学生的整理思维，即辨识、分类、选择、收纳和记忆这五种思维。在完成之后，还能与父母一起体验整理收纳成功后的喜悦，让家庭氛围更加和谐。

（四）环节四：回归总结，技能养成

学生通过与家长一起学习、操作并思考整理收纳方法，已经有了一定的整理收纳经验。教师组织主题班会，让学生以小组为单位总结在学校的学习生活时需要的整理收纳方法（如课桌椅桌内、桌面的物品整理，学习资料整理等）。在小组分享演示之后，教师组织学生当场整理自己的课桌椅内外物品，并通过计时的方式评选出最佳小组。

设计意图：通过让学生将所习得的技能、经验回归到现阶段重要的

学习生活中，可以培养学生良好的整理、收纳习惯，也让班级环境更加整洁、优雅。

五、活动效果与总结

学生在成长过程中，能够形成独立的人格是很重要的一个方面。家长往往有矛盾的心理，既想看到孩子独立，又不放心孩子独立，也缺乏对孩子生活技能的培养。家长和教师都应该慢慢放手，让学生学会打理自己的一切。相信一个能精心安排好自己生活的孩子，一定有能力掌控自己的未来。而在传统的教育中，常把学生的家庭生活和学校生活割裂开，导致无法形成家校合力。通过让学生和家长一起学习、实践整理收纳的技能，不仅能促进亲子沟通及学生技能的习得，也能促进家庭与学校生活更加紧密地联系，更好地搭建起家校合作桥梁。

活动过程中收纳技能的培养和锻炼，也能体现劳动教育的课程特点，更能引导学生热爱生活并享受生活。而我们需要注意事宜则有：（一）男生和女生在收纳能力上会有区别，建议在小组分工时注意学生性别的均衡匹配；（二）习惯的培养非一朝一夕能完成，在后续的班级常规管理中也应落实班级个人物品的管理，强化学生的好习惯。

参考文献：

整理生活学院.整理生活［M］.北京：中国纺织出版社，2020.

校外共同成长类

"两纸情书" 爱情观

深圳市罗湖区罗湖中学　罗曼宁

一、活动目的

学生由小学进入初中阶段后，生理发育加速，两性观念觉醒，恋爱成为孩子们越来越感兴趣而父母越来越避讳的话题。

相反的是，社交平台却有大量的成年男女为脱离单身或找到理想伴侣而苦恼，反感婚姻的女性更是比比皆是。归根结底，也许是青春期孩子自己单独探索，未能有父母的正确引导，而从网络上接受了大量未经筛选的信息，建立了不健全的爱情观。

基于以上背景，"两纸情书"亲子方案的活动目的主要有：

（1）通过两纸情书，亲子互相了解对方的爱情观。

（2）通过主题班会上，家长与其他孩子的讨论，增进家长对同年龄段孩子的爱情观的了解与理解。

（3）通过对比亲子双方对情书的预想与实际，家长明确孩子和自己的爱情观是否需要调整。

二、理论依据

（1）根据马斯洛需要层次论，爱的需要是人的重要高级需求。在物质较为富裕的今天，引导孩子认识到如何爱人与被爱是很重要的。

（2）健康的爱情观有利于孩子正确认识并在将来获得良好的亲密关系。同时，在活动中，爱情观不成熟、亲密关系处理能力较弱的父母，也能够产生自我觉知，提醒父母进行调整。

三、活动准备

（1）物品准备：白纸与笔等。

（2）活动预备：主持人培训、主持稿等。

四、活动过程

（一）环节一：发出倡议，两纸情书

请男孩子和爸爸分别以当年追求者的身份，写一封情书给妈妈；女孩子和妈妈分别以当年爱人的身份，写一封情书给即将出门远行两年的爸爸。

指导语：时光荏苒，转眼你们就这么大了，爸爸妈妈的婚姻也有十多年了，你们看过爸爸妈妈年轻时的照片吗？你们知道，当年爸爸妈妈是怎么走到一起的吗？好奇他们的爱情故事吗？在座的爸爸妈妈们，还记得你们是成为恋人并走向婚姻时的心情吗？这是个充满挑战的问题：怎样才能追求到妈妈呢？妈妈是因为爸爸的什么品质而选择与他走入婚姻呢？

设计意图：情书可以体现出孩子和父母对爱情的看法和付出的倾向方式，我们可以从中确定爱情观是否健康。同时，孩子也会对这一活动充满兴趣。

（二）环节二：两纸回信，深度沟通

收到情书的爸爸妈妈们，以相应的角色身份回信（提醒家长注意保护个人隐私）。

如男孩信中全是甜言蜜语，回信中可以回应："让我感受很温暖甜蜜，但你总是看不见摸不着，能不能多陪我做些喜欢的事情"，引导男孩意识到行动也很重要。

如女孩信中全是付出和牺牲，回信中则可以回应："太幸运能拥有你做我的爱人，我外出的日子里不能陪在你身边，仍然希望你让自己快乐，遇到困难不要瞒着我，我越不知道就越愧疚担忧。"引导女孩认识到要爱自己，遇到困难的时候，好的爱人更会希望帮助你。

设计意图：回信中可以实现对孩子爱情观的引导，重视男孩尊重爱人和女孩尊重自己的意识建立，有利于将来建立良好健康的亲密关系。

（三）环节三：交叉讨论，达成互融

在主题班会中，家长和孩子们抽签重新分配座位，以自愿为原则互相分享自己写的情书和回信，孩子可以了解到更多爱情类型和观念，家长也可以了解到孩子的同龄群体的爱情观。

主持人应声明，情书不能打分，感情表达方式也不应该被评价，任何人都有自己的表达习惯和表达爱的方式，在交流中无须任何评价性语言。

爸爸和儿子互相看自己写的情书，妈妈和女儿互相看自己写的情书，在对比中思考、交流和讨论，可以自愿分享活动感想和体会。

设计意图：反对情绪激烈通常源于知道的太少，当大量信息涌入时，包容性会增强。这一环节让孩子和父母都了解对方的爱情观，同时，如果感受到有所偏差，父母在今后可以通过阅读书目推荐或共同观影等方式适当引导。孩子如果在和其他父母的爱情观对比中，感受到父母处理亲密关系的不恰当之处，也会进行自我纠正。由此，达到本次活动的总体目标。

五、活动效果与总结

"两纸情书"是一次爱情观的沟通，着力打开父母与孩子及其同龄群体爱情观的壁垒，通过角色扮演、情书回信、分享讨论等环节一步步增进对彼此以及彼此年龄段爱情观的了解，从而增进理解与包容。如果发现不当之处，可以为家长明确引导的方向。建立积极健康的爱情观对孩子成长中拥有健康的人际交往和未来拥有积极的亲密关系有很大的意义，这也是人生幸福感的重要来源。

需要注意的是，家长性格各异，面对不愿意分享的家长，应以自愿为原则，或在活动前召开家长会进行动员，增强活动中参与的积极性和主动性，减少冷场的情况。

"21天健身打卡"亲子活动

深圳市坪山区实验学校　张婷婷

一、活动目的

（1）培养孩子乐于运动、善于运动的习惯，同时提高孩子的身体素质，保持健康体魄。

（2）增进亲子情感，增加沟通机会，让父母成为孩子的榜样。

（3）让成年人体会运动的快乐和陪伴孩子成长的乐趣。

二、理论依据

（1）美国作家约翰·瑞迪和埃里克·哈格曼在《运动改造大脑》一书中写道："运动能够减轻并预防焦虑症、抑郁症、注意力缺陷障碍、成瘾行为（包括游戏成瘾）等等疾病。"

（2）行为心理学研究表明，人们新习惯或理念的形成及巩固至少需要21天的时间，称为二十一天效应或二十一天法则。

三、活动准备

（1）提前准备运动所需的运动服装、鞋子、护膝、运动毛巾、水壶等。

（2）提前规划好合适的运动路线并注意提前拉伸肌肉，以防受伤。

（3）如果需要还可以准备运动耳机，边跑边听音乐，增加趣味性。

四、活动过程

（一）环节一：预热

在正式开始活动前，需要由家长选择合适的时机举行一次家庭会议，会议议题为"如何养成爱运动的好习惯"。

可以结合家庭成员的健康状况，以及工作性质等讨论其必要性。比如上班族经常久坐，学生需要提高体质应对体育考试等。

普及跑步常识，正确的跑步姿势、跑步的注意事项等，必要时家长可以为孩子做讲解和示范。

设计意图：每一个需要全体家庭成员参与的活动必须得到全体成员的支持才能够顺利执行下去，而且活动一定是围绕着一个共同的需求展开，而不是为了满足某个人的需要，达成共识才能一起坚持。

（二）环节二：前期准备

1. 装备

（1）跑步所需的必备品：家长与孩子共同挑选，包括运动服装、鞋子、护膝、运动毛巾、水壶等。

（2）记录跑步距离和心率的手环或者手表（条件允许的情况下），或者手机下载Keep等运动软件用于打卡和记录运动数据和运动过程。

（3）摄影设备（手机或相机）：在朋友圈发布每天的跑步照片。

2. 路线与时间

家长和孩子考察住所附近适合跑步的路线，要避开车辆较多的交通繁华路段，首选公园或者学校、体育场馆的运动场。在家长和孩子都能够承受的范围内选择合适的跑步距离。根据家长和孩子的作息选择合适的时段去跑步，例如，傍晚以后。

制订跑步计划，以21天为一个周期，坚持每天打卡。

设计意图：运动过程离不开必要的装备和时间、地点的规划，在制订计划的过程也是增进亲子关系的过程。给自己的运动过程一个记录的平台能让参与者获得足够的成就感，同时在展示平台上会收获其他人的监督与鼓励，侧面促进打卡周期的完成。

（三）环节三：执行

（1）在规定的时间内穿戴整齐后，先进行跑前热身和拉伸肌肉，以防受伤（热身可参考Keep软件内的热身视频）。

（2）父母陪同孩子一起跑步，运动过程中适当休息，父母可为孩子计时或者加油，但是一定要陪孩子一起运动。

（3）双方须及时记录跑步途中的体验，为彼此相互打气。

设计意图：陪伴与鼓励是对孩子最好的礼物。父母身体力行地共同参与比在一旁观看要更具鼓励作用，让孩子知道他不是一个人很重要。同时，孩子的健康、进步及与父母的正向互动，也是父母育儿幸福感的重要来源。

（四）环节四：表彰与分享

21天后，班级评比"跑步达人家庭"，结合亲子协同运动的次数和时间（活跃度）、亲子感受（充实度）、运动前后的健康指标、路线设计的合理度、对身边他人的影响程度（带动性）等综合方面引导各家庭进行自评和亲子互评及全班共评。

班级当为表现优异的家庭给予分享和展示的舞台，让他们分享一下这一周期内的收获和感受，并给予奖励，奖励的形式可以灵活安排，根据具体情况而定，比如购买自己喜欢的东西、免做家务或者满足一个小愿望等。

设计意图：表彰是对行为表现最具体的肯定。这一环节也可增进参与者对运动给人带来快乐与健康这一理念的认识，进一步激发亲子协同运动的积极性。

五、活动总结

有研究表明，未成年人网络成瘾及产生其他心理问题的原因往往是现实生活中缺少陪伴。而很多成年人也在下班回家后每天抱着手机，导致亲子互动和陪伴减少，亲子沟通不畅，感情变淡甚至是不和。而随着学习任务和学业压力的增大，未成年人在课余的运动时间也逐渐缺少，以致缺乏运动锻炼的意识和习惯。专家认为，不爱运动的孩子比爱运动的孩子更容易在学校受到霸凌或者发展成抑郁症等心理疾病。

因此，亲子锻炼不仅可以提高亲子的身体素质，而运动过程也是一个建立和促进亲子感情的好契机。"跑步打卡"这一个简单易实施的体育项目便可以为此创造机会。

本次活动中，家长的作用须贯穿始终，包括活动前的准备要考虑周到并预想到一些可能出现的意外情况，比如孩子无法坚持下去或者因为偶发事件导致不能按时打卡等，要有相应的应急方案。

孩子是本次活动最主要的参与者，我们的目的是让孩子喜欢上运动，享受运动带来的快乐，而不是煎熬。有些孩子擅长运动，那么在这个过程中可能更多的是惊喜，而有些不擅长运动的孩子面临的更多的是挑战。这就需要父母适时地给予鼓励和支持，为每一个小小的进步喝彩，为每一个精彩的瞬间加油。

家长在每次运动后还要做好引导和总结，让孩子认识到自己能行，看到自己的进步，得到周围人的肯定，这样更有利于长期坚持，并把这种坚持的品质带入其他领域。

亲子观影促成长，缩短彼此间的心理距离

深圳市坪山区中山中学　汪颖

一、活动目的

为响应国家"就地过年"的号召，今年很多学生与家长留在深圳过年。春节假期，家长也不用忙工作，终于有时间可以好好陪伴孩子们了。但如何拉近彼此间的距离，高质量地陪伴孩子们，这是一门学问。

电影作为一种来源于生活的艺术形式，可以放松人们的心情，让人们体验不一样的生活方式。通过对不同文化底蕴和人文风情的理解，改变自己对人生、对生活的看法，以积极的心态面对未来的挑战。亲子观影，不仅可以在寒假生活中加强亲子间的交流，一部好的电影更能缩短彼此间的心理距离，增进亲子关系。

二、理论依据

（1）马斯洛需要层次论中提到，人在满足了最基础的生理、安全需求后，更需要亲情这样的社会需求以及被他人尊重的尊重需求。

（2）美国教育家杜威说，最好的教育就是"从生活中学习、从经验中学习"。教育就是要给儿童提供保证生长或充分生活的条件。

教育不是把外面的东西强迫儿童去吸收，而是要使人类与生俱来的

能力得以生长。亲子观影满足了孩子对于亲情的社会需求，鼓励孩子表达自己的观影感受以满足孩子的尊重需求，让孩子在观影中自我感悟基于"儿童中心"的教育学实践。

三、活动准备

（1）孩子与父母之间要协商好一同观看的电影（根据初中孩子成长需要拟推荐观看：《背起爸爸上学》《鲁冰花》《神偷奶爸》《光辉岁月》《小鬼当家》等具有教育意义的电影）。让孩子参与到影片的选择中，找到亲子间的平衡点，既发挥孩子在活动中主人翁精神，也能更好达成活动的目的。

（2）确定好观影设备如家庭电脑、网络电视等。现在很多家庭聚会中出现很多低头族，孩子、父母手机拿得多了，彼此交流少了，所以这一次观影不建议使用手机，而是屏幕更大一些的电脑和电视效果可能更好。

（3）准备好笔记本、笔、拍照设备。看书需要及时做笔记，看电影也是这样，好的电影总是能走进人的心灵，引发人的共鸣。

四、活动过程

（一）环节一：孩子与父母一同观看电影

设计意图：随着社会变化的日新月异，家长们的工作压力、生活节奏加快。平时工作忙，几乎没时间好好陪伴孩子们。寒假难得有空闲时间，父母和孩子安静地坐在一起观影，不为生活琐事烦恼争吵，也帮助孩子们在紧张忙碌的学习生活中学会劳逸结合（见图1）。

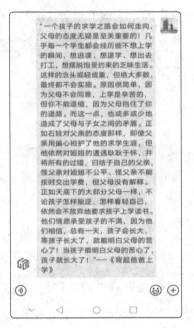

图1 亲子观影推荐影片介绍

（二）环节二：孩子与父母一起聊电影

设计意图："一千个读者，就有一千个哈姆雷特"看完电影后，父母和孩子不妨就电影的剧情谈一谈观影感受。我们需要培养独立思考的孩子，所以看完电影我们鼓励家长和孩子都谈谈自己的感受，家长也可以为孩子做一个示范、成为一个榜样。由于家长和孩子所处立场和视角的不同，同样一部电影，感受也会有所差异。首先家长要尊重孩子的想法，其次要正确引导孩子，最后，家长通过观影，了解孩子的想法，拉近彼此的心理距离。

（三）环节三：孩子/爸爸/妈妈，我想对你说

家长与孩子各写一封信，把观影后想对对方说的话写在上面。

设计意图："爱你在心口难开。"父母都是爱自己孩子的，但是到了初中，孩子有了自己的意识，在行为与语言上与家长冲突增多。本来是想和孩子好好交流，可能是说话语气太重，说了太多孩子不爱听的话

导致双方冲突不断。通过观影活动，电影让我们看到生活中看不到的地方，借此契机，把想对家长说的话写在纸上，用书信的格式让父母读懂孩子的想法。家长通过文字表达对孩子的爱与期盼，进一步了解彼此，增进彼此间的心理距离。

五、活动效果与总结

寒假期间，我们班开展了"亲子观影促成长"活动，一是为了丰富同学们的假期生活，二是增进亲子间的感情。推荐的电影为《背起爸爸上学》，这是一部老电影，为什么选这部电影？主要还是学生在寒假期间，没有了学校的作息要求，学习无计划，作息不规律。假期我接到好几位的家长对孩子假期学习生活的投诉，家长觉得孩子不理解自己，孩子学习上不努力、生活上不规律、手机不离手，造成寒假期间亲子关系的紧张。

这一次亲子观影活动达到了两个目的：一是发挥了电影促成长；二是亲子观影增感情。首先，这部电影本身有很多触动孩子们的地方。好多同学都在观影感中提到和电影中的主人翁石娃相比，自己太不懂得珍惜学习的机会了！"现在学习环境比以前优越多了，而我们却没有了石娃在学习上的冲劲和韧性。"今后应该珍惜读书的机会，努力提升自我。其次，爸爸妈妈在陪伴孩子观看电影的过程中，彼此之间敞开心扉交流对电影主人公的看法，孩子懂得并理解父母的做法，而父母也了解孩子们的内心需求，良好的亲子关系是家庭教育成功的基础。

活动不足在于好多同学吐槽这部电影选得太老，和他们现在生活差异太大，说教成分太严重。看来今后我要紧跟时代步伐，了解现在孩子们的精神需求。后来我又陆续推荐了近两年比较好的《老师好》《银河补习班》，总体反响比之前好。教学相长，在实践中不断完善亲子观影活动。

参考文献：

［1］路文彬.当教育遇上电影［M］.合肥：安徽教育出版社，2018.

［2］李一慢.亲子观影 制造欢乐时光［J］.中华家教，2015
（3）：60～61.

［3］左晓彤.家校电影课程：打开别样课堂［J］.新课程，2021
（30）.

书香家庭，亲子共读

深圳市坪山区同心外国语学校　文榕仪

一、活动目的

（1）家校携手，营造浓厚的书香校园氛围。

（2）激发学生的读书兴趣，培养孩子读书习惯，促进孩子全面健康地成长。

二、理论依据

（1）学习的基础是条件反射，学习效果取决于外部刺激。在良好的环境下，学习者的学习动机、兴趣、质量、效率都会有大幅度提升。

（2）家庭阅读环境无形中熏染孩子的心灵，家长爱读书，有良好的阅读习惯，在无声中引领孩子亲近阅读，学会自我成长。

三、活动准备

1. 校园

（1）校园内的走廊、宣传橱窗等阵地张贴宣传标语、名人名言等，营造出一种浓郁的读书氛围，让学生明白读书的益处。

（2）学校图书保证做到全天开放，每班设有图书角，为学生借阅图书提供方便。

（3）各班级开展"书香园地"活动，科任老师介绍有关名人读书的故事，推广优秀书目，交流学生和家长的读书心得。

2. 家庭

（1）每个家庭为孩子创造一个好的阅读环境，建立家庭小书库。

（2）家长带孩子购买一些必读书目。

四、活动过程

（一）环节一：宣传动员

（1）发放《亲子读书活动倡议书》，倡导亲子读书活动的理念。家长和孩子每天坚持一起分享20分钟左右的阅读时光；每周的周日利用一小时的时间和孩子一起阅读。

（2）通过班会、广播等窗口，宣传该活动的目的和意义。

设计意图：家长和孩子明确活动意义，并互相监督各自的阅读情况，达到共同提高的目的。形成家校读书合力，引导家长为孩子营造书香家庭的氛围。

（二）环节二：组织实施

向家长宣布必读的书目，结合学校的活动和语文课文开展拓展阅读。

每一位同学要在班主任的具体指导下制订阅读计划，教师要教会学生掌握正确的阅读方法。

班主任定期向学生及家长了解读书情况，填写《亲子读书反馈表》。

根据《亲子读书反馈表》，评选读书之星，并向各位家长汇报，让家长充分重视，并向自己的孩子宣传身边的榜样，激发孩子的阅读兴趣。

各班级设计一个班级"书香园地"，由班级定期张贴"好书推荐""名人名言""我最喜欢的_____""我的日记"等文章，由同学们自己介绍自己看过的新书、好书，交流自己在读书活动中的心得体会，在班级中形成良好的读书氛围。

设计意图：采用不同形式对亲子读书活动进行跟踪和记录，帮助亲子做好阅读计划、养成阅读习惯并给予及时的反馈，确保后期活动的顺利进行。

（三）环节三：成果汇报

开展"小书房评比"活动：数一数我有几本藏书，比一比谁读过的书多，评比之最，向家长们告知。

开展"亲子读书活动小书签""亲子读书摘要"的卡片制作征集活动：可以将自己创作的读书名言制作成小书签。将读书活动中读到的精彩片段、好词好句、名人名言记录下来制作卡片，要求人人参与，内容与课外阅读有关，每个班级装订一本。

开展"班级亲子读书交流会"：各班组织5~8个家庭，以家长和孩子合作的形式，通过个性化的家庭介绍、家庭才艺展示、家长与孩子合作诵读等形式展示亲子阅读的成果。交流材料各班择优上交3篇。

开展"书香家庭"评比：家庭藏书量、亲子共读经验交流材料，亲子读书笔记、日记等文字资料及相关的音像资料。

设计意图：通过读书交流会，家长和孩子有更多的机会进行交流和互相观察。成果汇报环节可以邀请家长中"亲子共读"的榜样进行阅读经验分享，让更多的家长掌握指导孩子阅读的方法和经验。

五、活动效果与总结

通过本次活动的开展，不仅给家园提供了良好的阅读环境，还促进了亲子关系。既激发了孩子们对阅读的兴趣，还让大家了解了开展阅读活动的多样性，进一步丰富了孩子们的阅读经验。

一本书，两代人。"书香家庭"活动的开展让我们看到了这样的温馨画面：家长与孩子共读共写，在温和的灯下，和孩子打开同一本书，一起阅读、讨论、学习，做孩子学习的伙伴。"书香家庭"活动让书香浸润到了学生的家庭，家长与孩子共同分享了读书的乐趣。让育人的空间从学校延伸到了校外，从而很好地发挥了家庭的育人功能。营造"书香校园"，让我们的孩子热爱读书，需要学校教师的引领，营造"书香家庭"，更需要家长的大力支持。我们将从小在孩子的心中撒下一颗阅读的种子，与书为友、与故事为伴，并让阅读终身成为一种习惯，争取让更多的孩子和父母共同享受读书的乐趣，让家庭弥漫书香，让书香润泽生命。

参考文献：

［1］胡珊. 国内外亲子阅读研究发展及其新思考［D］. 长春：东北师范大学.

［2］张萍."亲子阅读"指导有效性策略研究［J］. 上海教育科研，2006（10）：91～92.

［3］吴邵萍. 共学共历共评共长——行进在家园亲子阅读之路上［J］. 早期教育：教科研版，2016（2）：53～56.

共读一本书，亲子共进步

深圳市坪山区中山中学　陈克娜

一、活动目的

（1）通过"共读一本书"亲子阅读，孩子养成自主读书的习惯，丰富阅读量并提高理解力。

（2）亲子阅读营造读书氛围，也让家长通过读书增长知识，陶冶情操。

（3）亲子共读活动，家长和孩子之间可以搭建起精神的桥梁，促进和谐的亲子关系。

二、理论依据

班杜拉的社会学习论认为，父母与孩子观察学习的互动过程，是人类社会化最重要的过程。所以父母是提供孩子良好示范与正确行为的重要对象。因此，亲子阅读也是父母为孩子提供读书习惯示范的行为之一。

三、活动准备

书籍、分享小卡片、读后感笔记本、奖品、微信群、读书打卡等。

四、活动过程

(一)环节一：亲子读书会宣传与报名

组织亲子"共读一本书"活动的前提是要得到家长的认可，做好家长的思想工作。小升初学生的家长，大部分是"80后"，基本能认识到读书的重要性。

1. "轰炸"专家有名观点

让家长认识到阅读的重要性和亲子阅读的意义，特别是小升初的学生，在各科的学习内容和思维上都提升了一大块，阅读是拓展孩子知识面和提高思维能力的重要方法。教师将微信中经常看到的有关亲子阅读重要性的文章分享到家长群，并建议家长阅读。教师在家长群带头发表感想，引发家长也谈谈自己阅读后的体会，如此在家长群中形成一股阅读的氛围。

同时，教师向家长们宣传各个国家重视阅读的做法，把阅读上升到国家层面，比如联合国教科文组织把每年4月23日定为"世界阅读日"，香港市民一同参与"全城阅读10分钟"活动等。教师举例说明后总结阅读对家长和孩子的重要性：家庭若具有浓厚的阅读文化和阅读习惯，父母能带领子女从小进行亲子阅读，孩子会对阅读产生浓厚兴趣，并影响到一生。

2. 微信群组织报名

利用家校微信群平台，教师邀请家长一起聊聊有关读书的问题。教师先将"亲子共读一本书"活动方案给家长们看，并说明组织亲子读书会的意义，再设计几个问题做成问卷来询问家长的想法，比如："您是什么文凭？在做什么方面的工作？如果开展'亲子共读一本书'活动，是否有意愿也有时间参加，为孩子做好榜样等？"教师导出问卷，整理报名名单。

设计意图：通过微信群分享文章和观点，逐渐让家长头脑中植入阅读重要的思想，让他们有亲子阅读的意识；又在微信群讲解组织"亲子共读一本书"活动对小升初学生的重要意义，做好家长的思想工作，才能进一步开展亲子阅读活动。

（二）环节二：启动"亲子共读一本书"行动

家长报名参加"亲子共读一本书"活动后，教师建立专门的"亲子读书会"微信群，并邀请报名家长进入。

教师可在群里推荐书籍，家长们也可以互推书籍。书籍的来源，既可以自己购买，也可以到当地图书馆借阅。因为学生已经是小升初阶段，不再是小时候妈妈讲故事的年龄，所以书籍的种类也更倾向于初中生必读书目等，为了能让孩子感恩父母的教育，也可以推荐一些家庭教育、亲子教育方面的书籍供亲子选择共读。

周一到周五亲子共读一本书的时间可选择在晚上孩子写完作业后，根据情况，选择一起安静阅读半小时到一小时，还可以将亲子阅读的照片发到读书会的微信群，与其他亲子分享。

家长和孩子可以梳理当天看的书本内容，并互相发表感想，在亲子讨论的过程中，感受知识的魅力，提高思考能力，也帮助促进亲子关系。家长和孩子也可以在小纸条上为对方写些鼓励且温暖的话，让亲子关系升温更快。

设计意图：每天晚上亲子一起读书，对于家长来说，既能陪伴孩子，让孩子有安全感，也是静下心来修整一天忙碌工作的最佳机会；对于孩子来说，写完作业能再抽出时间静静地读书，日积月累，必定会养成好习惯，也会有很大的进步。在互相谈读后感的过程中，亲子关系能够进一步拉近。

（三）环节三：书籍读后总结，亲子互评互奖

亲子每读完一本书，家庭组织一场仪式感满满的总结交流会。孩子作为本次家庭读书活动的参与人兼小主持人，主持每本书的总结交流会。家庭读书交流会的布置可以充满书香文化，让仪式感更足。交流会的形式完全由小主持人发挥，可以有轮流发表感想、提出问题并进行辩论、颁发奖品等。奖品由家长和孩子商定，最好是自己手工制作的，比较有意义。会后参与人各写一篇读后感，书越读越多，读后感也越来越多，逐渐形成一本"亲子共读一本书"活动专门的读后感笔记本，作为家庭曾经大量阅读并思考的成果。

设计意图：每读完一本书，家庭组织读书总结交流会，其中的分享与交流是对读书心得的总结与展望，家长和孩子分享自己的收获，也能锻炼自己的表达能力。同时，孩子作为总结活动的小主持人，可以培养自信心。互相颁发奖品是对孩子们的一种肯定和鼓励，能激励他们将好习惯继续坚持下去，也让孩子们看到此读书活动的真正效果和意义，还能促进亲子关系。

五、活动效果与总结

"亲子共读一本书"活动，让家长充分参与到孩子的读书活动中，在读书与交流过程中，发表的感想让家长和孩子彼此站到对方的角度考虑问题，也能够互相理解，增进亲子情感。

亲子阅读，互相监督，彼此促进成长。家长尽量抽时间陪伴孩子一起度过阅读时光，表面上是在陪伴读书，其实也是在陪伴孩子的心灵，彼此的心灵沟通也进一步加强，亲子关系也更加和谐。

通过亲子读书会的活动，学生的阅读能力得到提高，阅读兴趣更加浓厚，阅读水平和语言表达能力也逐步提高；家长与孩子一起读书，不仅让孩子养成读书的好习惯，同时也让自己得到了成长与进步，在辅导孩子学习的同时也能充当家庭指导教师的角色。